SPESSART-WEGWEISER

Eva Maria Schlicht

SPESSART-WEGWEISER
NATUR UND GESCHICHTE, LAND UND LEUTE

Mit einem Vorwort von Gerhard Kampfmann
und einer Einführung in die Geschichte
von Friedrich Müller

echter

Der Umschlag zeigt:
Mainwanderung auf der Höhe über Miltenberg – Rokoko-Madonna in der
Pfarrkirche St. Pius zu Rück – Im Hochspessart – Schnatterloch in Miltenberg

Die Deutsche Bibliothek – CIP-Einheitsaufnahme

Spessart-Wegweiser : Natur und Geschichte, Land und
Leute / Eva Maria Schlicht. Mit einem Vorw. von Gerhard
Kampfmann und einer Einf. in die Geschichte von Friedrich
Müller. – Würzburg : Echter, 1996
    ISBN 3-429-01772-6
NE: Schlicht, Eva Maria

© 1996 Echter Verlag Würzburg
Umschlag: Ernst Loew
Gesamtherstellung: Echter Würzburg
Fränkische Gesellschaftsdruckerei und Verlag GmbH
ISBN 3-429-01772-6

Inhalt

Vorwort

»So laßt uns froh durch Spessartwälder ziehen …«, schrieb Georg Keimel, Begründer des Naturparks »Spessart«, in seinem Bundeslied des Spessartbundes. Dies mag wohl nicht immer möglich gewesen sein. Athanasius Kircher SJ, von 1629 bis 1634 Professor an der Universität Würzburg, hatte sich einst im Spessart verlaufen und machte seinem Schrecken Luft: »Sylva sane horrida, et non latrociniis tantum, sed et ferarum noxiarum frequentia infamis … – Fürwahr ein schrecklicher Wald, und nicht nur wegen seiner Räuberbanden berüchtigt, sondern auch wegen der Unmenge gefräßiger Tiere …«

Das vorliegende Büchlein soll dem heutigen Besucher des Spessarts die Furcht vor Räubern und Bestien nehmen und verhindern, daß er sich in dieser ausgedehnten Waldlandschaft verläuft. Es will kein Reiseführer im üblichen Sinne sein, der nur Routen durch den Spessart anbietet. Vielmehr soll es denjenigen, die sich ihn erwandern oder erfahren wollen, das notwendige Wissen um seine Geschichte und das Schicksal seiner Bewohner samt ihrer Umwelt nahebringen.

Der Bogen ist weit gespannt im alten Wildbann der Mainzer Erzbischöfe. Da ist die offene Agrarlandschaft des Vorspessarts, die durch den Main noch teilhat am milden Klima der Rhein-Main-Ebene und deshalb schon früh besiedelt wurde. Vielerlei Kunstschätze gilt es hier zu entdecken und manch guten Tropfen zu probieren. Nach Osten zu steigen die Schichten des roten Buntsandsteins in zwei Stufen bis 586 Meter zum Geiersberg im Zentrum des Mainvierecks hinauf, ehe sie von da, sanft zu dessen Ostseite abfallend, unter die mainfränkische Muschelkalkplatte abtauchen.

Die Mainzer Erzbischöfe hinterließen uns im Hochspessart ein geschlossenes Waldgebiet, in das der Mensch nur zögerlich eindringen konnte. Dank der spärlichen Besiedelung behaupten sich dort bis heute Buchen- und Eichenwälder. Beeindruckend die mächtigen, 300- bis 400jährigen Eichen. Wegen ihrer Holzqualität sind sie weltberühmt und für Furniere gesucht. Einst waren die Eichen den Menschen, die um den Wald angesiedelt waren, für die Mast der Hausschweine unentbehrlich. Deshalb rühmt auch Grimmelshausen in seinem »Abenteuerlichen Simplizissimus« diesen edlen und nützlichen Baum, »als worauf Bratwürste und fette Schunken wachsen«.

Ganz anders bietet sich uns der Wald im Norden des Innenspessarts dar. Fichten- und Kiefernforste lösten hier die ehemaligen Buchen- und Eichenwälder ab. Dieser »Glashüttenspessart« weist eine Besiedelungsdichte auf, die der des Vorspessarts kaum nachsteht. Schon im hohen Mittelalter drangen die Glaser in das Waldgebiet ein. Doch weniger ihr Holzbedarf für Pottasche und Ofenfeuerung ruinierte den Laubwald, vielmehr waren es Waldweide, Streunutzung und Laubheugewinnung durch die Bewohner. Die mageren Ackererträge der Buntsandsteinböden zwangen sie, den Wald als landwirtschaftliche Ergänzungsfläche zu nutzen. So hinterließen sie bis zum Anfang des vorigen Jahrhunderts weite Öd- und Krüppelwaldflächen. Zur Sanierung der devastierten Böden, auf denen weder Eiche noch Buche Fuß fassen konnte, säten die Forstleute anspruchslose Kiefern und Fichten, in deren Schutz man wieder zu Eiche und Buche zurückkehren wollte. Wer heute aufmerksam durch diese Wälder wandert, wird bemerken, wie junge Eichen und Buchen auch im Glashüttenspessart wieder ihren angestammten Platz zurückerobern.

»So laßt uns froh durch Spessartwälder ziehen ...« – dieses Büchlein bietet hierzu Anregungen zuhauf. Die Routenvorschläge können wie angegeben ganz oder teilweise abgefahren werden, sie sind als Anregungen zu verstehen. Dem Fuß- und Fahrradwanderer steht ein gut markiertes Wander- und Fahrradwegenetz zur Verfügung, ergänzt durch viele Rundwanderwege um die Ortschaften. Empfehlenswert ist die Beschaffung einer Wanderkarte, die als Topographische Karte – Naturparkausgabe – im Maßstab 1:50 000 oder als offizielle Karte des Spessartbundes im Maßstab 1:100 000 vorliegt. Mit dem Mainwanderweg ums Mainviereck hat der Spessart Anteil an einer überörtlichen Wanderstrecke von der Weißmainquelle am Ochsenkopf zur Mainmündung in den Rhein. Dadurch wird uns der Spessart, für sich selbst eine eigenständige Landschaft, als Bindeglied unterschiedlicher Natur- und Kulturräume bewußt.

»Komm einmal zum Spessart, kehrst bald dahin zurück ...«, schreibt Georg Keimel in seinem Spessartlied weiter. Auch dazu möchte dieses Büchlein anregen.

Gerhard Kampfmann

Der Spessart: Landschaft, Geschichte und Lebensraum

Wie der Spessart zum Spessart und ein vagabundierender Fluß zum Main wurden

Ein Kapitel Landschaftsgeschichte: der Buntsandstein

Um das Wesen einer Landschaft besser zu verstehen, sollte man ein wenig von ihrer Entstehung und ihrem geologischen Aufbau wissen, da Böden und Gesteine landschaftsprägend sind. Besonders augenfällig wird dies beim Spessart: Dem bewaldeten Hochspessart mit seinen kargen Zerfallsböden des Buntsandsteins ist im Nordwesten der Vorspessart mit seinen offenen und fruchtbaren Hügeln vorgelagert. Dieser besteht aus »Urgestein«, wie man hierzulande sagt. Richtiger hieße es, aus kristallinen Gesteinen vor allem, aber auch mancherorts aus alten Zechsteinkalken und Zechsteindolomit.
Die kristallinen Gesteine des Vorspessarts sind meist »metamorph«, das heißt umgewandelte Gesteine frühester Epochen unserer Erde, die schließlich unter der Last nachfolgender Gesteinsablagerungen wieder so tief ins Erdinnere zurücksanken, daß sie unter den dort herrschenden hohen Temperaturen aufschmolzen, sich aber bei späterer Abkühlung wieder verfestigten, so daß die neu entstandenen Gesteine, zusammengepreßt unter dem Druck gebirgsbildender Kräfte zu Glimmerschiefern oder Gneisen, Dioriten und anderen Gesteinen umgeformt wurden. Als nach der Alpenanhebung die großen Einbrüche des Rhein-Main-Grabens entstanden, hoben sich am Rande der Mainsenke die dort anstehenden Gesteinsdecken an und trieben zugleich den darüberliegenden Buntsandsteinblock des Spessarts in die Höhe. In dieser Randzone besonders starker Gesteinsabtragungen aber blieben die Hügel des Vorspessarts als ein »geologischer Fleckerlteppich« erhalten.

9

Das Augenmerk soll hier dem wesentlich jüngeren Buntsandstein des Hochspessarts gelten. Allein seiner Entstehung nachzuspüren, kommt schon einem Abenteuer gleich, und die »Zeitmaschine« muß um etwa 230 Millionen Jahre zurückgestellt, das damalige Geschehen während rund sieben Millionen Jahren aber auf wenige Textseiten zusammengerafft werden.

Die Landschaft von Spessart und Untermain beherrscht das rostige Rot des Buntsandsteins, und die zahlreichen Steinbrüche an den Flanken der steil zum Main abfallenden Höhen, die wie brennende Wundmale aus dem Grün des Waldes leuchten, tun kund, wie gern die Menschen sich dieses Gesteins bedienen. Schon zu Zeiten der Römer war es ein beliebtes Baumaterial gewesen. Denn der Buntsandstein ist in seiner Festigkeit und gradflächigen Spaltbarkeit, um seiner meist feinkörnigen Struktur und der schönen Färbung willen ein begehrter Werkstein. Nicht nur die hochragenden Burgruinen rechts und links des Flusses, die großen und kleinen Kirchen im Land und die soliden Weinbergsmauern wurden seit alters aus seinen Quadern errichtet, auch die Wohnhäuser in Städten und Dörfern schmücken sich, zumindest an Tür- und Fensterlaibungen, mit seinem schönen Rot. Die alten Brücken über Fluß und Bächen wurden aus ihm gefügt, rundbogig und mit breiter Brüstung versehen, darauf der heilige Nepomuk in windbewegtem Chorhemd. Er und die lieben Heiligen alle auf den Bildstöcken an Feldwegen, die Madonnen in Nischen über Haustüren, sie alle kleiden sich mit dem Rot des Buntsandsteins. Allgegenwärtig ist er, bewährt seit alten Zeiten und allen Wettern trotzend – jetzt aber, unter der Einwirkung von Schadstoffen in Luft und Wasser, jetzt wird er mürbe und zerfällt. Seine Zeit geht zu Ende.

So seltsam es klingt: Auch ein Stein, scheinbar nur ein unbelebtes Ding, hat seine Zeit. Da war ein Anfang, da ergaben sich Umgestaltungen an ihm, da kommt mit unendlicher Langsamkeit die Zeit seines Verfalls – bis seine Überreste eingehen werden in die Bildung anderer, neuer Gesteine.

Seit vor Milliarden Jahren der glühende Stern Erde so weit abgekühlt war, daß seine Oberfläche sich verfestigte, daß Land und Meere entstanden, darin sich Leben bilden konnte, seitdem entwickelt sich die Erdoberfläche ständig neu. Wo Meer gewesen war, erhoben sich aus den Fluten Gebirge. Sie verdrängten die Wassermassen, glänzten unter der Sonne – und zerfielen schließlich wieder. Ihre Felsen wurden von Gewässern zernagt, ihre Gipfel, abgetragen von ungezählten

Rinnsalen, Bächen, Flüssen, als Gerölle und Sande fortgeschafft in tieferliegende Gebiete. Da häuften sich die Schuttmassen zu Ebenen an. Die nun langsamer fließenden Gewässer stauten sich hier oder dort, bildeten Seen und Sümpfe. Sie fanden schließlich Auswege und zogen weiter, Sand und Schlamm mit sich führend, die sie zu anderen Meeren hintrugen und dort ablagerten, um auf dem Meeresgrund neues Festland für spätere Zeiten vorzubereiten. Ständig verändert die alte Erde ihr Gesicht – die Zeit ihres Wandels freilich bemißt sich nach Hunderten und aber Hunderten von Millionen Jahren. Das ist ihr Maß – das Maß kosmischer Zeit.

Gegen Ende des Erdaltertums, vor etwa 300 Millionen Jahren, war wieder ein solches Gebirge entstanden, das in zwei gewaltigen Bögen den alteuropäischen Kontinent umspannte. Der eine erstreckte sich vom heutigen Zentralfrankreich aus bis zu den Britischen Inseln, in westliche Richtung ausholend. Der östliche Bogen griff von den Rheinischen Schiefergebirgen über Harz und die sudetischen Gebirge nach Nordosten aus. Zwischen diesem Bogen und der uralten Böhmischen Schwelle im Osten entstand eine große Senke, das »Germanische Becken« genannt. Es wurde zur Wiege Mittel- und Süddeutschlands, also auch unseres Frankenlandes und des Spessarts. Diese Senke wurde zum Sammelbecken der unendlichen Geröll- und Sandmassen, die von den der Erosion unterworfenen Randgebirgen hereingetragen wurden: Dieser Prozeß war der Beginn des Mesozoikums oder Erdmittelalters. Als unterste Schicht dieser Ablagerungen setzte sich der Buntsandstein auf den vom Zechsteinmeer hinterlassenen Kalken ab – das war vor 232 bis 225 Millionen Jahren, so haben es Geologen errechnet. Mit welchem Mut sie solche Datierungen aufstellen! Nun hat ihre Wissenschaft Untersuchungsmethoden entwickelt, die das ermöglichen. Dennoch – wer kann das vorstellungsmäßig nachvollziehen? Es übersteigt unser menschliches Maß der Zeit.

Demnach hatte die Erde etwa sieben Millionen Jahre Zeit, die bis zu 600 Meter hohen Buntsandsteindecken aufzubauen. Das bedeutete sieben Millionen Jahre währender Aufschüttung von Geröllen und Sandmassen durch namenlos gebliebene Flüsse, die sie in das weite Becken hinabtrugen, hierhin und dorthin verschleppten, und die endlich wieder versiegten. Winde wirbelten die lockeren Sandmassen umher, häuften sie zu Dünenkämmen an und trugen sie weiter. Mitunter tobten Gewitter mit tropischer Gewalt. Dann ergossen sich breite Ströme von den Randhöhen ins Flachland und mit ihnen neue Frachten von Sand und Schotter, bis sich die trägen Flüsse stauten, Tümpel und Seen bildeten, die alsbald wieder vergingen unter einer brennenden Sonne.

Zu manchen Zeiten leckte sogar das Meer, das allezeit hinter den Randgebirgen des Germanischen Beckens lauerte, mit langen Zungen über die Sand- und Schotterfelder und zog sich wieder zurück, hie und da Muschelschalen im Sand zurücklassend.

Erst gegen Ende der Buntsandsteinzeit rückte es beharrlich näher, sandte seine Regenwolken voraus. Das Klima wurde milder, und Feuchtgebiete mit schütterem Pflanzenwuchs mehrten sich. Durch wucherndes Gestrüpp von Schachtelhalm- und Farngewächsen stapften Reptilien, darunter die ersten von beachtlicher Größe, deren Spuren wir in Form handartiger Abdrücke in den tonigen Schichten des Oberen Buntsandsteins auch bei uns im südlichen Spessart finden. Das Handtier, so wird es genannt, eröffnete die Zeit der später Land und Meer bewohnenden Saurier – denn bald würde wieder Meer die alten Sandwüsteneien überfluten, das Muschelkalkmeer.

In den Jahrmillionen der Wüstenzeit aber beherrschte die Sonne das Land, eine junge, glühende Sonne. Man sagt, sie selbst habe dem Sand die Farbe ihres Feuers eingebrannt. Sie und das Gewicht der Zeit von Millionen Jahren, sie machten aus den zu Sand zerriebenen Überresten der alten Gebirge ein neues Gestein. Quarzsand war sein wichtigster Anteil, der zusammengekittet wurde von den staubfeinen und schließlich durch Nässe wieder verfestigten Resten der anderen Bestandteile der einstigen Felsen, als da sind etwa Feldspäte, Tone, Glimmer. Dies bezeugt ein Blick durch die Lupe, besser noch durch ein Mikroskop, auf ein Bruchstück des Buntsandsteins. Man blickt dann in eine fremdartige Welt, die im Kleinsten jenen wirren Trümmerfeldern der niedergebrochenen alten Gebirge ähneln mag, denen die Sande entstammten.

Die zierlichen Körnchen aus durchschimmernd hellem Quarz zeigen noch immer die Kristallgestalt sechskantiger Säulchen, ist der Quarz doch das härteste Material der im Buntsandstein vereinigten Gesteinsanteile. Die anderen aber, die weicheren Feldspäte und die eisenhaltigen Glimmer, sie wurden auf ihren weiten Wegen partikelhaft aufgesplittert und durcheinandergemengt, bei Regengüssen oder Überflutungen von Wasser durchtränkt, bis sie einen zähen Schleim bildeten. Im Brutkasten der Sonne dickte er ein zu rötlichem Seim und band die eingelagerten Quarzkörnchen unlöslich an sich. Als die

Sonne schließlich alle verdunstbaren Elemente aus diesem Schlamm herausgebrannt hatte, dominierten die Eisenverbindungen, es war eine steinharte Masse von rötlichem Schimmer entstanden. Eingebacken darin die glitzernden Prismen winziger Quarzkörner, eingeschlossen auch im dunklen Seim die blitzenden Sonnensegel von Glimmerplättchen, und auf Quarzen, Glimmern und Bindemasse aus-

Buntsandstein unter dem Rasterelektronenmikroskop

Vergrößerungsfaktor 24 : 1

Vergrößerungsfaktor 120 : 1

13

kristallisiert winzige Schuppen ziegelroter Eisenoxyde, buntschillernde Schlieren von Kupfer, Spuren schwärzlichen Manganeisens. Eine Urwelt der Materie, Bruchstücke aus der Schöpfungsgeschichte – hier ist sie festgehalten für alle Zeiten in solch einem Stückchen Buntsandstein!

Von Bergen, Flüssen und vom Wald

Mit dem späteren Erdmittelalter erhob sich nach dem Verschwinden des Muschelkalkmeeres im fränkischen Raum der alte Buntsandsteinblock über den Spiegel der im Süden flutenden Meere der Jura- und Kreidezeit. So mochten denn auf diesem Festland die altbekannten Kräfte der Erosion ihr Werk beginnen.

Und wieder sind es die Geologen, die dem nachspüren: Lose Steine, eingebettet im Lehm einer Wegböschung, oder in Sand- und Kiesgruben, werden befragt nach ihrer Beschaffenheit und Herkunft, denn sie haben, ganz besonders, wenn sie rundkantig abgeschliffen sind, weite Entfernungen hinter sich gebracht auf dem Grunde längst vergangener Wasserläufe und berichten so vom einstigen Weg dieser Flüsse. Auch erkennen Geologen mit raschem Blick, ob ein Bach oder ein verträumtes Flüßchen unter Erlengesträuch tatsächlich sein breites Tal in den Felsgrund gegraben hatte oder ob es sich nicht nur des bequemen Weges bediente, den lange zuvor ein anderer, stärkerer Fluß erarbeitet hatte. Solche genauen Beobachtungen erlauben es, aus den Mosaiksteinchen vieler einzelner Befunde die allmähliche Entstehung einer Landschaft und ihrer Gewässer zu rekonstruieren. Auch der mit der Zeit entstandene Zickzackweg des Mains erhellt sich aus solchen hier oder dort gemachten Funden von Spuren seiner Vorgängerflüsse.

Ihre Geschichte beginnt vor etwa zwei bis drei Millionen Jahren am Ende der Alpenerhebung. Bis dahin war noch der ganze fränkische Raum eine wenig zertalte, nach Südosten leicht geneigte Fläche gewesen, die sich von der mitteldeutschen Schwelle Thüringer Wald – Taunus bis zur nördlichen Vortiefe der jungen Alpen erstreckte. Hier sammelten sich alle Gewässer, sowohl diejenigen, die aus den steilen Alpentälern herabkamen, als auch die gemächlich von Norden herbeiströmenden.

Da gab es im östlichen Franken ein wichtiges Flüssesystem, dessen wasserreiche Oberläufe herabkamen vom Südrand des Thüringer Waldes und den Granitkuppen des Fichtelgebirges. Sie trafen zusammen in der Mulde bei Bamberg zwischen Jura und Steigerwald und machten sich von hier aus als ein starker Fluß gemeinsam auf nach Süden unter Mitnahme der von sanften Hügelzügen rechts und links herbeikommenden Nebenflüsse. Diesen Altstrom nennen die Geologen »Urmain«.

Man hat noch weitere Altflußsysteme lokalisiert, die sich teilweise mit dem Lauf des heutigen Mains decken. Da gab es einen von der Vorrhön herabkommenden »Wernfelder Fluß«, der in seinem südöstlich gerichteten Lauf nahe Marktbreit auf einen »Ostheimer Nebenfluß« im spitzen Winkel traf, um mit ihm vereint als »Uraltmühl« südlich abzuziehen.

Wiederum weiter westlich fanden sich Spuren zweier Altflüsse, die speziell für den Spessart und den Untermain von Bedeutung waren: Sie erscheinen als »Miltenberger Strom« und als »Klingenberger Fluß« in der Fachliteratur. Sie kamen vom östlichen Taunusvorland und vom Hessischen Bergland herab, um sich auf der Höhe der heutigen Stadt Klingenberg zu vereinen. Der »Klingenberger Fluß« hatte in seinem einstmals gefällearmen Gebiet der Einmündung in den »Miltenberger Strom« – Spessart und Odenwald waren damals noch eine geschlossene Buntsandsteinplatte – Unmengen feinster Schlamm- und Tonlagen abgesetzt, die bei späteren Brüchen im Buntsandsteinsockel in der Hauptmasse in 40 bis 70 Meter tiefe Klüfte versenkt wurden. Es ist dies der bekannte Klingenberger Ton, feuerfest und ein ideales Bindematerial für Graphit zur Herstellung von Bleistiftminen; er hat vorzeiten gutes Geld in die Kassen der Stadt gebracht. Leider haben dem die modernen Kugelschreiberminen einen Strich durch die Rechnung gemacht.

Doch zurück zu den Altflüssen Frankens. Sie müssen wahre Paradiesesströme gewesen sein, die eine freundliche Landschaft durchflossen zwischen flachen Höhenzügen, durch weite, fruchtbare Talauen mit üppigen Wäldern. Es grünte und blühte in Überfülle dank eines milden Klimas, das keine Winterfröste kannte. Zahlreiche subtropische Gewächse gab es noch, aber auch unsere heimischen Laubbäume waren schon da: Eichen, Linden, Kastanien, Apfel- und Nußbäume. Tiere durchzogen äsend oder jagend die blütenreichen Fluren, Tiere aller Größen und Arten, sie lebten friedvoll nebeneinander – oder fraßen sich auf, je nach ihrer Wesensart. Denn es war die Zeit der höchsten Artenfülle der Säugetiere bis hin zu den Großtieren tropischer Regionen. Alle, alle waren sie da in diesem Paradies am Ende des fünften Schöpfungstages. Nur der Mensch fehlte noch, aber bald würde auch seine Zeit kommen.

Vor gut einer Million Jahren brach in diesen paradiesischen Frieden Unruhe ein. Nach Beendigung der eigentlichen Alpenbildung griffen schwächere Druckwellen auch weit nach Norden aus: Nördlich der Donausenke stiegen die Jurahöhen zu einem Bergwall an. Die fränkischen Mittelgebirgszüge wölbten sich auf und verlegten damit den Altflüssen ihre Wege zur Donau hin. Auch am Nordrand der Fränkischen Platte kam es zu weiträumigen Bewegungen: Ausstrahlend vom tiefen oberrheinischen Grabeneinbruch senkte sich zwischen Taunus und dem Buntsandsteinsockel die heutige Untermaintiefe ein, ihr südliches Randgebiet aber wurde gleichzeitig angehoben. Dadurch verloren auch unsere Altflüsse ihre Oberläufe, die in den Einzugssog der Rheinsenke gerieten.

So entstanden nun im Buntsandsteingebiet neue Wasserläufe in neuen Tälern. Das alte Tal des »geköpften« Miltenberger Flusses mag sich als Abflußrinne für viele der jungen Bäche und Flüsse angeboten haben, das die Gewässer nun nach Norden, zur Rhein-Main-Senke hin abführte unter gleichzeitig fortschreitender Eintiefung. Diesen Vorgang bezeugen noch die nur hier im Westspessart zu findenden engen Schluchten, von den eilig dem immer tieferliegenden Sammelfluß folgenden Seitenbächen in den Felssockel gesägt. Mit dieser prägnanten Eintalung aber geschah die Scheidung der Buntsandsteinplattte in Odenwald und Spessart.

Je beschleunigter aber ein Gewässer zu Tal fließt, desto aggressiver greift sein Einzugs- oder Quellgebiet rückwärts aus. Schneidet es so auf seinem Wege bergwärts den Lauf anderer, trägerer Gewässer an, werden diese angezapft und schließlich mitgerissen. Dieses allgemeine Verhalten bestimmte auch den Weg des sich neu bildenden Flusses.

Da ihm auf der Höhe von Miltenberg durch Odenwaldausläufer sein früherer Weg nach Süden verlegt war, tastete er sich in östlicher Richtung am Südrand des Spessarts entlang, in bogenreichem Lauf die Basis des »Mainvierecks« bildend. Etwa auf der Höhe von Homburg–Lengfurt wandte er sich entschlossen in nördliche Richtung zum Ostrand des Mainvierecks – folgte er hier vielleicht einem von Nord nach Süd ziehenden älteren Fluß? Bei Gemünden traf er auf die

16

von der Rhön herabkommenden Flüsse Sinn und Fränkische Saale – und schluckte sie. Bildeten sie, oder zumindest einer von ihnen, die Quellflüsse des einst von hier ab in südöstlicher Richtung ziehenden »Wernfelder Flusses«?

Da diesem sowie seinem Ostheimer Nebenfluß – ab hier die »Uraltmühl« – der Zug nach Süden weitgehend verlegt und ihre Fließgeschwindigkeit stark reduziert war, bemächtigte sich ihrer der junge, von Westen vorstoßende Fluß. Er gewann ihre Gewässer und ihren Lauf für sich – das »Maindreieck« war gebildet.

Über den Ostheimer Nebenfluß aber öffnete sich dem Westfluß das Einzugsgebiet von Steigerwald und Haßberge. Auf noch nicht ganz geklärte Weise gelang ihm die Überwindung der Schwelle Haßberge–Steigerwald nahe dem Bamberger Becken, in dem die gestauten Wassermengen des »Urmains« gewaltige Sumpf- und Seenplatten zwischen angehäuften Kiesbänken gebildet hatten. Befreit ergossen sich nun diese Wassermassen durch die enge Pforte bei Viereth–Trunstadt in westliche Richtung, dem Weg des jungen Flusses folgend. Nicht nur die vom Fichtelgebirge, nördlichem Jura und Frankenwald herabkommenden Flüsse, auch die dahindümpelnde Pegnitz mit all ihren Zuflüssen erlag in Umkehrung ihrer Fließrichtung dem starken Sog des neu erstandenen Westflusses. Er war nun ein kraftvoller Strom geworden, der, das nördliche Franken durchquerend, sein Tal breit in die hellen Felsen des Muschelkalks und in die roten Wände des Buntsandsteins eingrub. Dies war vor etwa einer Million Jahren geschehen, und aus dem uns Heutigen befremdlich erscheinenden »Urmain« war unser schöner Main geworden, der herabkommt von den dunklen Granitbergen des Fichtelgebirges und Besitz ergreift von den Wald- und Rebenhügeln Frankens.

Aber nicht mehr lange durchfloß der Main ein blühendes Land. Das Wetter verschlechterte sich, es wurde kalt, Winterzeiten gingen in Dauerfrostperioden über. Während die Gebirge unter Eis und Schnee verschwanden, blieb zwar der fränkische Raum von Gletschern verschont, aber die einst üppig grünenden Fluren verwandelten sich in karge Tundren und Steppen, über die eisige Stürme tobten. Die wärmeliebenden Tiere waren längst fortgewandert, nur noch Mammut, Höhlenbär, Rentier und Wolf harrten hier aus. Schließlich begegneten ihnen Lebewesen, wie sie noch nie erblickt worden waren: sie konnten auf zwei Beinen stehen und laufen, und sie gruben Löcher in den Boden, die sie mit Zweigen verdeckten, daß die großen Tiere hineinfielen, wo sie hilflos den Schlägen von Faustkeilen und Steinäxten ausgeliefert waren: Die Menschen, noch unstet umherziehende Jäger vom Typus des »Heidelberger Menschen«, hatten Einzug gehalten in das Maintal zu Beginn der Eiszeiten vor etwa 690 000 Jahren.

Bis im Spessart menschliche Ansiedlungen nachweisbar werden, gingen weitere Vereisungs- und dazwischenliegende Wärmeperioden über das Land hin. Erst vor etwa 10 000 Jahren wurden bei uns ackerbautreibende Menschen seßhaft. In einem angenehmen Klima hatte sich der Spessart wieder mit den schönen Laubbäumen begrünt zu einer heiteren, parkähnlichen Landschaft, und eine jungfräulich-fruchtbare Erde bot den einwandernden Völkergruppen beste Lebensmöglichkeiten. Am Rande des Hochspessarts, in den besonders fruchtbaren Lößlehmgebieten, lassen sich dann auch seit Beginn der Jungsteinzeit Siedlungen nachweisen, so zum Beispiel bei Bischbrunn (oberhalb Marktheidenfeld), bei Eichelsbach (oberhalb Elsenfeld) oder aus der frühen Bronzezeit im Raume Hösbach–Goldbach (bei Aschaffenburg).

Im Verlauf der etwa um 1800 v. Chr. einsetzenden Bronzezeit verschlechterte sich das Klima wieder, es wurde kühler und regenreich. Mit den Regenwolken aber, die vom Atlantik hergezogen kamen, war auch ein dort heimischer Baum eingewandert, der die Nässe besser vertrug: die Buche.

Von nun an bedeckten weite Buchenwälder die Berge des Spessarts. Unter deren dichtem Blätterdach konnte nichts gedeihen, kein lockeres Untergehölz, kein saftiges Gras, keine Waldkräuter, wie vormals in den lichten Eichenhainen. Die Siedler, die ihre Herden hier zur Weide getrieben hatten, zogen fort – der Hochspessart war wieder unwirtlich geworden, menschenfeindlich, ein Refugium aber für die wilden Tiere, denen nur pirschende Jäger in die Waldwildnis zu folgen wagten.

Ein kurzer Blick in die Geschichte

Der in Urkunden aus dem 10. Jahrhundert schon so genannte »spehteshart« (Wald der Spechte!) hat zumindest bis ins 15. und 16. Jahrhundert hinein eine teils wechselvolle Historie, die im folgenden kurz umrissen werden soll.

Das recht klar von der Kinzig im Norden, der Sinn im Osten und dem Mainviereck an den übrigen Seiten begrenzte unregelmäßige Viereck gehörte bis zum Ende der römischen Herrschaft zur *Germania libera*, denn die Grenze des Imperiums endete am Main. Erst mit der fränkischen Landnahme im 8. Jahrhundert wird der Spessart mit einbezogen, und gemäß einer Urkunde aus dem 9. Jahrhundert ist er königlicher Bannforst, d. h., kein anderer Herr konnte darüber verfügen. Schon damals diente er wohl in erster Linie der Jagd, einer Nutzung, die auch später überwiegen sollte.

Ein Jahrhundert später gehört das Waldgebiet zum Stift Aschaffenburg, das wiederum dem Erzbistum Mainz untersteht. Offenbar wurden die Waldungen aus königlichem bzw. herzoglichem Besitz in kirchlichen Gewalt übertragen; Herzog Otto von Schwaben, der durch Schenkungen an das Stift St. Peter und Alexander in Aschaffenburg hervortrat, war dem Kaiserhaus verwandt. So ergibt sich zu Beginn der für dieses Gebiet historisch belegbaren Zeit aus den Quellen folgendes Bild: Drei geistliche Herrschaften teilen sich den Spessart auf: Der größte Anteil ist dem Erzbistum Mainz unterstellt, das den Raum von Westen her erschließt. Im Nordosten hat die »Reichserzabtei« Fulda große Besitzungen, die anfangs bis an den Untermain reichten, während der Südosten vom Bistum Würzburg mit dem Kloster Neustadt am Main als Zentrum verwaltet wird. Drei Kräfte treffen aufeinander, wobei es sich im Laufe der Geschichte zeigt, daß nur eine die Vorherrschaft erhalten sollte: Mainz.

Die Herrschaft der Mainzer Erzbischöfe baute sich im Nord- und Ostspessart, ausgehend von kaiserlichen und fuldischen Schenkungen, im 11. Jahrhundert auf. Das Stift Aschaffenburg als westliches »Tor zum Spessart« kam ebenfalls unter mainzische Hoheit. Deren Vögte, die ihre Burg Rieneck etwa um 1100 erbauten, konnten von Osten her den Wald erschließen.

Entscheidende Entwicklungen vollzogen sich in dem Jahrhundert zwischen 1250 und 1350, während für das Reich die lange und schwere Krise des sogenannten Interregnums, der »schrecklichen, kaiserlosen« Zeit, anbrach. Als keine zentrale Macht die politischen Geschicke lenken konnte, ergab sich für die einzelnen weltlichen und geistlichen Fürsten die Möglichkeit, ungestört ihre Territorialpolitik zu verfolgen. In diesem Falle hatte wohl die »große« deutsche Geschichte durchaus auch auf unser Gebiet Einfluß. Mit der *confoederatio cum principibus ecclesiasticis* durch Kaiser Friedrich II., einem Vertrag, der den deutschen Kirchenfürsten auch landeshoheitliche Rechte zubilligte, traten die Erzbischöfe von Mainz nun auch als weltliche Landesherren auf – und zum Kurstaat Mainz gehörte eben auch der Spessart.

Gerade jetzt aber geriet Mainz in größte Schwierigkeiten. Ausgerechnet im eigenen Hause erwuchsen den Erzbischöfen ernstzunehmende Gegner. Es waren ihre Vögte, die Grafen von Rieneck. Nach der Rechtsauffassung des Mittelalters sollte sich die Kirche aller weltlichen Geschäfte (Verteidigung, Jurisdiktion, Rechtsgeschäfte aller Art, allgemeine Verwaltung) enthalten. So benötigte man den *advocatus,* einen Beauftragten, der die Aufgabe hatte, für den geistlichen Herrn alle weltlichen Angelegenheiten zu übernehmen. Dies gab den Vögten – stets Herren von Rang und Adel – eine ausgesprochen starke Machtposition.

Die Rienecker begannen ihr eigenes Süppchen zu kochen und seit der Mitte des 12. Jahrhunderts ihre eigene Politik zu betreiben. Offenbar handelte es sich bei dem nun beginnenden Streit nicht allein um einen politischen (sprich Macht-)Kampf, sondern vornehmlich um einen wirtschaftlichen Konflikt.

Die Rienecker stützten sich auf die damals möglichen Basen: auf eigene Burgen und Dorfgründungen. Die Skizze (nach Cramer, Landeshoheit und Wildbann im Spessart) zeigt deutlich, wie taktisch geschickt die Vögte vorgingen. In einer Zangenbewegung von Osten her sollte offenbar der Spessart durchdrungen, teilweise wirtschaftlich umfunktioniert und schließlich dem Erzstift Mainz entrissen werden. Der Bau von Burgen diente nicht nur dem Schutz, sondern bereitete ein militärisches Ausgreifen vor, dem bäuerliche Landnahme folgen sollte. Offenbar wollten die Rienecker die Waldungen des Spessarts allmählich besiedeln, und so legten sie Rodungen an – allemal ein massiver Eingriff in die Waldstruktur –, wo Bauern mit bestimmten Freiheiten und Rechten ansässig gemacht wurden.

Diese wirtschaftliche Umgestaltung des Waldgebietes im Verbund

20

Der Kampf Mainz-Rieneck

● Mainz   ◖ Rieneck (⫽⫽1559)

◔ Burg, Jagdschloß   □ Stadt   ◍ Gericht

◔ Waldhufendorf, freie Bauern

◉ Kloster   Gelnhausen □

Steinau

Kinzig   Jossa

Orb

Wirtheim   Burgjoß

Sinn

Bieber   Beilstein   Villbach

Fellen

Bieber   Burgsinn

Wohnroth

Lohrhaupten   Rieneck

Wiesen   Schaippach

Hauenstein

Kahl   Rannenberg   Langenprozelten   Gemünden

Main   Wombach   Mömbris   Sommerkahl   Frammersbach

Seligenstadt   Steinbach?   Landesere?   Partenstein   Schönrain

Vivarium   Laufach   Lohr

Schmerlenbach

Aschaffenburg   Weiler   Rothenbuch   Lohr

Soden   Hessenthal   Neustadt

Leidersbach   Neudorf   Rohrbrunn

Volkersbrunn   Heimbuchenthal   Rothenfels

Roßbach   Bischbrunn

Waldenburg   Mule   Krausenbach   Steinmark

Wintersbach   Oberndorf   Esselbach

Sommerau   Wildensee

Himmelthal   Wildenstein   Ober-Altenbuch   Michelrieth

Eschau   Unter-

Mönchberg   Prozelten

Klingenberg

Wertheim

Main

Kleinheubach

Miltenberg   Tauber

Nach C. Cramer, Landeshoheit und Wildbann im Spessart, in: AJb, 1952, S. 85.

mit dem Bau trutziger Burgen mußte die Reaktion des Erzbischofs hervorrufen. Werner von Eppstein, der 1259 als ehemaliger Propst des Stiftes Aschaffenburg dieses Amt antrat, war offenbar mit der Sachlage bestens vertraut und willens, rücksichtslos vorzugehen. Gerade die unerhörte Politik der Erschließung eines Waldes, den sich Mainz in erster Linie als kurfürstliches Jagdgebiet vorbehielt, erforderte eine rasche und deutliche Antwort. Es begann mit einer immer wieder aufflammenden Fehde, von der wir nur dunkel ahnen können, wieviel Leid vor allem den »kleinen Leuten«, sprich neu angesiedelten Bauern, angetan wurde. Da die Macht des Mainzer Erzbischofs natürlich erheblich größer war als die der Rienecker, mußten diese immer wieder klein beigeben. Verzicht auf Neurodungen, das Schleifen der Burgen und damit mehr und mehr der Rückzug auf das eigene Stammgebiet kennzeichnen die Auseinandersetzungen, die nach kurzen, aber heftigen Kämpfen mit dem Sieg des Erzstifts Mainz endeten. Damit endete auch der Versuch, den Spessart aus seinem »Schlaf« als reines Jagd- und Forstgebiet zu wecken und ihn ökonomisch zu nutzen. Es ist müßig, sich heute die Frage zu stellen, ob damals, in einer Zeit zunehmenden Bevölkerungswachstums, nicht vielen kleinen Leuten hätte geholfen werden können. Schließlich beinhaltete eine derartige Siedlungspolitik ja auch größere persönliche Freiheiten. Andererseits wurde der Wald weitgehend unberührt gelassen, und erst der Neuzeit blieb es vorbehalten, immer größere Schneisen in dieses Gebiet zu schlagen.

Jedenfalls starben mit Philipp III., der 1543 in seiner Grafschaft die Reformation eingeführt hatte, die Rienecker aus. Sie hatten sich über drei Jahrhunderte hinweg gegen die übermächtigen geistlichen Herrschaften von Mainz und Würzburg durchzusetzen versucht – im Endeffekt vergeblich. Der überwiegende Teil der Grafschaft fiel an Mainz, andere Gebiete erbten die Grafen von Hanau, Isenburg und Erbach. Der Einfluß der letztgenannten ist bis heute in den Enklaven an der Elsava (Hofstetten, Eschau, Wildensee) nachzuvollziehen. Diese Gemeinden haben noch immer einen hohen Prozentsatz an Evangelischen, während der gesamte mainzische Spessart katholisch geprägt ist, gemäß der 1555 festgelegten Regelung, daß der Landesherr die Konfession seiner Untertanen bestimmte *(cuius regio – eius religio)*.

Mit dem 16. Jahrhundert zogen Kriege ein in das Land am Untermain und in den Spessart. Es begann 1525 mit dem Aufstand der Bauern, denen sich nicht selten auch die Bürger in den Städten anschlossen. Auch in Aschaffenburg und im Vorspessart kam es zu erheblichen Unruhen – allerdings gingen hier die »Kämpfe« meist um die Weinvorräte in den kurmainzischen Kellereien und in den Höfen der Aschaffenburger Stiftsherren. Nach dem Zusammenbruch der allgemeinen Erhebung der Bauernschaft wurden die Bauern und die Bürger in den Städten harten Rezessionen unterworfen; der Erzbischof von Mainz hielt in seinem Land eine Huldigungsreise ab, bei der die Bewohner von Stadt- und Landgemeinden sich ihm unter Verhängung erheblicher Bußen unterwerfen mußten.

Im sogenannten Markgräflerkrieg, den Markgraf Albrecht Alcibiades von Kulmbach-Bayreuth in der Hauptsache gegen die Kirchenfürsten von Franken und Mainz führte, fielen seine Truppen 1552 auch ins Maintal und in den Spessart ein. Kirchen und Klöster wurden zerstört, und auch Aschaffenburg erlitt Schäden; das alte Schloß Johannisburg der Mainzer Erzbischöfe brannte völlig ab.

Die schwerste Verelendung brachte der Dreißigjährige Krieg (1618–1648) mit sich. Nach den ersten Jahren der Ruhe, als die Kämpfe noch auf Böhmen beschränkt waren, breitete sich der Krieg auch ab 1621 im Gebiet des Mainzer Kurstaates aus. Obwohl weder am Untermain noch im Spessart je eine Schlacht geschlagen wurde, litten hier die Menschen unter häufigen Truppendurchzügen. Gleichviel, für welche Seite sie jeweils kämpften, welcher Nation sie angehörten, sie hatten es alle auf Fouragierung und Raub abgesehen. Ein besonderes Kapitel Kriegsgeschichte, da · von mehrjähriger Dauer, schrieben hier die Schweden: Im November 1631 ergab sich Aschaffenburg kampflos der anrückenden Armee, am 25. November 1631 zog König Gustav Adolf mit seiner Gemahlin feierlich in die Stadt ein. Er wohnte im Schloß des (abwesenden) Erzbischofs von Mainz, wo er sich offensichtlich sehr wohl fühlte, denn er hielt sich hier bis zu seinem Tod (6. 11. 1632) noch öfter auf. Er etablierte in Aschaffenburg ein ständiges Armeekommando sowie eine »schwedische Stadtverwaltung« (1631–1634). In den Jahren nach dem Abzug der Schweden machte sich auch hier Verelendung breit – als 1648 in Münster der große Frieden verkündet wurde, waren Maintal und Spessart weithin eine von Seuchen, Hunger und Tod entvölkerte Wüstenei.

In der Folgezeit wurde der Spessart bis zur Auflösung des Kurfürstentums Mainz im Jahre 1803 als – im wahrsten Sinne des Wortes – ›geschlossenes‹ Gebiet betrachtet und von Aschaffenburg, Rothenbuch (neben Aschaffenburg das älteste und wichtigste Forstamt), Lohr, Miltenberg und (Bad) Orb aus verwaltet. Die »Güter« Wald und Wild wurden durch offiziell bestellte Forstmeister beaufsichtigt und verwaltet. Sie hatten dafür zu sorgen, daß der Wald unangetastet blieb und die angesiedelten Forsthübner zu den entsprechenden Dienstleistungen angehalten wurden. Dazu gehörten z. B. das Halten von Jagdhunden, der Einsatz als Treiber und die allgemeine Pflege des Waldes (Wege und Straßen). Die Sitze der sogenannten Forsthübner wurden im 16.

und 17. Jahrhundert teilweise zu hübschen kleinen Schloßanlagen ausgebaut, die heute ein beliebter Anziehungspunkt für Touristen geworden sind. Erwähnt seien das bekannte Schlößchen Mespelbrunn der Echter (heute von Ingelheim) und das versteckt liegende Oberaulenbach (vormals Meyerhofen), die noch heute in Privatbesitz sind. Im 15. und 16. Jahrhundert verlagerte sich die kurmainzische Jagd zunehmend auf den südlicheren Teil des Spessarts um Rothenbuch und Rohrbrunn (Jagdschlösser). Um den restlichen Wald nicht ungenutzt zu lassen, wurde die wirtschaftliche Verwertung des Holzbestandes gefördert. So kam Mainz auf die Idee, die Glasherstellung, die bereits im 12. Jahrhundert nachweisbar ist – Rieneck war hier federführend –, wieder aufzunehmen. In neugegründeten Hütten, vor allem in und bei Lohr (Museum!), wurde Flachglas für die staatliche Lohrer Spiegelglas-Manufaktur produziert.

Wie in anderen Teilen Deutschlands hat die Französische Revolution und die nachfolgende napoleonische Zeit auch für unser Gebiet massive Umstrukturierungen mit sich gebracht. Der sogenannte ›Reichsdeputationshauptschluß‹ des Jahres 1803 ist hier entscheidend. Geistliche Fürstentümer – in unserem Falle also Mainz, Fulda und Würzburg – und auch die kleineren weltlichen Herrschaften wurden aufgelöst und größeren Staatsgebilden zugeschlagen. Das Königreich Bayern erhielt hier 1814 den Löwenanteil. Der nördliche Bereich um Bad Orb hat anfangs ein recht wechselhaftes Schicksal: Zunächst bis 1866 bayerisch, fiel es als »Beutegut« des deutsch-deutschen Krieges 1867 an Preußen und wurde nach 1945 Hessen eingegliedert.

Die kurze Episode des sogenannten »Dalbergstaates« von 1803 bis 1813 sei hier nur der Vollständigkeit halber erwähnt. Der Spessart war nun im Königreich Bayern völlig zum Randgebiet geworden. Bis heute bezeichnen manche Einheimische die Region als »Schwanzzipfel« des bayerischen Löwen.

Der Spessart hat sich über die Zeiten als Waldgebiet gerettet. Er ist heute zu Teilen offizieller »Naturpark« in der Region ›Untermain‹ im Regierungsbezirk Unterfranken. So frühzeitig der menschlichen Einflußnahme entzogen, bietet er dem heutigen Besucher vieles – angefangen von der Erholung durch Wanderungen in unberührter Waldlandschaft bis hin zu kulturhistorischen Zielpunkten. Gerade für den ›sanften‹ Tourismus ergeben sich hier verstärkt Ansatzpunkte.

Friedrich Müller

Lebensraum Spessart

Wann sich der Hochspessart als Siedlungsraum den Menschen öffnete, ist nicht genau bekannt. Im 13./14. Jahrhundert begannen die Mainzer Erzbischöfe im westlichen Hochspessart Forsthuben anzulegen. Diese besetzten sie mit Förstern, die einem Forstmeister unterstanden. Sie hatten die Aufgabe, »... unsern walt zu behudern und zu bewahren«, Forst- und Jagdfrevler »zu pfänden« und Jagddienste zu leisten. Gleichfalls im 13. Jahrhundert begann die Gründung von »Waldhufendörfern« in Talgründen, die sich für eine bescheidene landwirtschaftliche Nutzung eigneten. Entlang der Talwege waren die schmalen Häuslein nebeneinander erstellt, ausgestattet nur mit den notwendigsten Hofbauten. Hinter jedem Hof zog sich die Hufe (oder Hube) als ein Streifen Land bis zum Waldrand hinauf. Alle Gehöfte waren gleich groß, alle Acker- und Wiesenparzellen entsprachen einander in der Fläche. Die schlechten Böden trugen nichts anderes als ein wenig Gerste, Hafer und »Heidenkorn« (Buchweizen), die Krautgärten hinter den Häusern Kraut, Linsen, Erbsen, Rübwurzeln.

Es gab aber noch einen weiteren Weg der Besiedlung: Um das Holz der unwegsamen Wälder nutzen zu können, wurden seit dem späten 12. Jahrhundert im Spessart Glashütten betrieben. Zunächst geschah dies in sogenannten Wanderhütten, die weiterzogen, wenn in ihrer Umgebung das Holz aufgebraucht war, um eine neue Hütte an einer Stelle zu errichten mit genügend Holzvorräten für die Befeuerung des Ofens und zur Herstellung von Holzasche als Fließmittel für die Schmelze. Der stark quarzhaltige Bachsand sowie Quarze aus dem kristallinen Vorspessart boten die Grundlage des Gemenges, dem Anteile von Kalk oder Schwerspat sowie Holzasche und manche andere Ingredienz nach geheimen Rezepten des Glasmeisters zugeschlagen wurden; das erforderliche reine Wasser lieferten die Quellen des Waldes. Die Landesherren duldeten – trotz mancher auferlegter Beschränkungen – letztlich die Glaser doch recht gern, trugen sie mit ihren Abgaben schließlich der Hofkasse ja einiges ein.

Schliefen die Glaser anfänglich während der Arbeitsperiode bei ihren Hütten im Wald und zogen nur im Winter zu ihren Familien, die außerhalb des Waldes wohnten, so begannen sie mit der Zeit, ihre Familien nachzuziehen und in den Wüstungen aufgegebener Hüttplätze anzusiedeln. Die meisten Orte des Nord- und Zentralspessarts sind so

Gründungen der Glasmacher, fast alle Dörfer aber lebten, zumindest zeitweise, von der Arbeit der Männer für die Hütten, und sei es als Holzknecht, Fuhrmann, Köhler usw.

Aber nun kam zu der Belastung des Waldes durch die Glashütten selbst noch die Dauerbelastung durch bäuerliche Nutzung. Die Bodenerträge der Felder in den vorhandenen Rodungen waren zu gering, um die wachsenden Familien zu ernähren. So wurden die Äcker nicht nur weiter in den Wald vorgetrieben, sondern die Wälder wurden geschädigt durch das Sammeln von Gras und Laubheu für die Stallfütterung, das Herbstlaub diente zur Stallstreu oder, zu Asche verbrannt, als Dünger für die mageren Wiesen. Die schlimmste Schädigung indes verursachte das in die Wälder zur Weide getriebene Vieh, das alles abfraß, was seinen Mäulern erreichbar war.

Hatte Kurmainz schon im Försterweistum von 1338 die Neugründung von Siedlungen im Spessart verboten, so wurde die Situation offensichtlich insgesamt nicht besser, denn ab 1521 wurde auch die Neuanlage von Glashütten abgelehnt. Um 1590 kam es sogar zum Verbot einiger Hütten, das aber wenige Jahre später wieder gelockert wurde. Daraufhin florierte die Glasmacherei noch einmal; aber auch das Roden des Waldes und die Neugründung von Dörfern gingen weiter, teils stillschweigend von der Regierung geduldet, teils mit deren offizieller Genehmigung. So erbat sich 1676 der bekannte Hüttmeister Jakob Fleckenstein die Erlaubnis, »für sich und seine Kinder sowie 53 Enkelein« Häuser zu bauen bei den von ihm betriebenen Glashütten nahe bei Heigenbrücken, woraufhin er sowie Bruder Heinrich sogleich die zwei Ortschaften Jakobsthal und Heinrichsthal gründeten. 1719 aber verfügte die kurfürstliche Hofkammer rigoros die Schließung aller im mainzischen Spessart tätigen privaten Glashütten. Bestehen bleiben sollten lediglich die kurmainzischen Flachglashütten Lohr, Rechtenbach und Weibersbrunn mit einer Zulieferhütte im Birklergrund und die gleichfalls staatliche Emmerichsthaler Hohlglashütte nahe Jossa.

Die wirtschaftliche Konkurrenz der privaten Glashütten war damit ausgeschaltet. Die Menschen aber, die in den vormaligen Glaserdörfern lebten, blieben, und der von Mainz ausdrücklich genehmigte Fortzug der Glaser mit ihren Familien ins »Ausland«, nach Hessen etwa oder sonstwohin, fand kaum statt. Wozu auch? Armut herrschte überall. Hier aber hatte man ein, wenn auch morsches, Dach über dem Kopf und ein Feuer im Herd, und auch sonst war noch manches

Mittelalterliche Glashütte nach einer Darstellung von Georgius Agricola (1556). Der bienenkorbförmige Schmelzofen enthält mehrere »Löcher«, in denen die tönerne Schale mit der Schmelze (»Schmelzhafen«) steht. Daraus entnehmen die Glasbläser mit der »Glasmacherpfeife« jeweils eine Portion, die durch die Pfeife zur gewünschten Form und Größe aufgeblasen wird. Im Vordergrund rechts werden die Gläser zwischen Strohlagen in flache Transportkisten verpackt, während hinten der Verkauf ab Hütte und der Abtransport der Ware zu erkennen sind.

zum Überleben dem Wald abzugewinnen. Man blieb, wo man war. Die Armut der Leute auf dem Spessart war besiegelt. Bis zu Beginn unseres Jahrhunderts galt er als das »Armenhaus Bayerns«.

Die Männer mußten versuchen, in anderen Berufen den Lebensunterhalt zu verdienen – es sei denn, sie waren jung und unternehmungslustig genug, als Wanderarbeiter oder Taglöhner auf gut Glück in die weite Welt hinauszuziehen, hieße die nun Frankfurt oder Mainz, Holland oder gar Amerika.

Die Daheimgebliebenen aber versuchten, einer Tätigkeit nachzugehen, wie sie ihnen die Heimat mit ihrem Reichtum an Holz, Stein

Dieses um die Jahrhundertwende in Weibersbrunn aufgenommene »Klassenfoto« dokumentiert die geradezu sprichwörtliche Armut des Spessarts. Aufschlußreich ist auch die Szene mit dem Schweinehirten, der damals in den Dörfern noch die Schweine durch einen Hornruf aus ihren Ställen rief, um sie tagsüber zur Hut in den Wald zu treiben.

oder Wasserkraft anbieten konnte. Arbeit, schwere Arbeit fand sich in den zahlreichen Steinbrüchen des Spessarts als Steinhauer oder aber Steinmetz. Im Vorspessart, wo Kalkstein anstand, wurde in Feldöfen die Kalkbrennerei vor allem für landwirtschaftlichen Bedarf betrieben. In der Nähe brauchbarer Tonvorkommen blühte die Töpferei für Irdenware, die in den Städten guten Absatz fand. Im kristallinen Vorspessart mit seinen Erzvorkommen – Kupfer, Silber, Kobalt, Nickel und begleitende Erze, dann auch Eisen in großen Mengen – wurde bis zum Anfang unseres Jahrhunderts lebhafter Bergbau betrieben.
Die Verhüttung und Verarbeitung der Metalle verlangten nach Pochwerken und Eisenhämmern – die Antriebskraft dazu lieferten die kräftigen Spessartbäche. Wie überhaupt die Täler des Spessarts erfüllt waren von Mühlradrumpeln: Nicht nur die Kornmühlen klapperten

hier vor sich hin, auch zahlreiche »Schneid- und Brettmühlen« boten Arbeit und Lohn.

Bessere Abfuhrwege ließen seit dem 18. Jahrhundert auch eine geregelte Forstwirtschaft zu: Aus den vormaligen »Waldfröhndern« waren Taglöhner geworden, die der Arbeit des Holzeinschlags und des oft sehr schwierigen Abtransports nachgingen. Köhler machten aus dem sonst nutzlosen Ast- und Wurzelholz die begehrte Holzkohle, und an langen Winterabenden fertigten die Männer aus zähem Birkenreisig die nützlichen Reiserbesen, oder man schnitzte Löffel und Krautgabeln, Axt- und Hammerstiele, die von den Frauen dann im Huckelkorb – in der Kötze, wie man sagt – von Haustür zu Haustür getragen und verhökert wurden.

Mit dem Aufschwung der Eisenbahn kam Ende des 19. Jahrhunderts ein neuer Berufszweig auf: Schwellenhauer. In harter Akkordarbeit mußten die Männer aus eisenfestem Buchenholz die Schwellen mit der Gattersäge auf Form sägen und dann mit Axt und Beil zurechthauen. Wer aber Hände für feinere Holzarbeiten hatte, der konnte auf die Holzschnitzerschule gehen, ursprünglich in Lohr etabliert, ab 1885 dann als staatlich anerkannte berufsfördernde Schule in dem

Der Wald gab kräftigen Männern Arbeit und bescheidenen Lohn. Die mächtigen Spessarteichen brauchten auch schon im 2 PS-Fahrbetrieb Langholzfahrzeuge.

stillgelegten Neuhammer bei Wintersbach im Elsavatal untergebracht, wo bis Mitte der 30er Jahre junge Männer in der Anfertigung
von handwerklich und künstlerisch hochwertigem Mobiliar ausgebil-
det wurden, daneben übte man sich auch in der Holzschnitzerei.
Die Menschen des Spessarts waren fleißig. Sie bemühten sich redlich,
mit ehrlicher Arbeit ihr Auskommen zu finden. Nur – es wuchsen
immer mehr Spessarter bei, die Dörfer quollen über, der Kindersegen
war enorm. Das fiel sogar der Regierung in München auf, auch, daß
die unehelichen Geburten daran einen erschreckend hohen Anteil
hatten. 1852 wurde der damals schon hochgeschätzte Professor Rudolf von Virchow zur Berichterstattung in den Spessart entsandt.
Schon nach einer Woche der Beobachtung stand seine Diagnose fest:
Er hatte in den besuchten Dörfern feststellen müssen, daß in den teilweise brüchigen, oftmals feuchten Häusern die Menschen auf das eng-
ste zusammengepfercht lebten, die Räume waren dunkel und muffig,
ja, nicht selten bestand die Wohnung nur aus einer »Stube«, der
Wohnküche mit der einzigen Feuerstelle des Hauses, Eß- und Schlaf-
raum zugleich. Diese Enge begünstigte die Verbreitung ansteckender
Krankheiten wie Typhus, Tuberkulose oder Hautkrankheiten. Jede
Bettstatt war durch mindestens zwei Personen belegt, Kinder lagen oft
noch enger ohne Rücksicht auf das Geschlecht, was, wie Virchow ent-
rüstet bemerkte, »der Moral durchaus abträglich sei«. Ferner befand
er, daß »bei der allgemein dürftigen Ernährung der exklusive Genuß
von Kartoffeln direktes Reizmittel der Geschlechts-Erregung« sei.
Demnach trugen also die Kartoffeln Schuld an den vielen unehelichen
Kindern im Spessart! Was Virchow offensichtlich nicht erfahren
hatte, war, daß man Mitte des 19. Jahrhunderts noch das alte Gesetz
praktizierte, nach dem die jeweilige Wohngemeinde Heiratswilligen
nur die Eheerlaubnis erteilte, wenn der Ehemann in spe hier das Heimatrecht besaß; das Heimatrecht aber war abhängig von Grund- und
Hausbesitz, oder es mußte von Zugezogenen durch eine von der Gemeinde festzusetzenden Summe erkauft werden. Wer weder über
Grundbesitz verfügte noch über das notwendige Kapital, bekam keine
Heiratserlaubnis, basta. Sinn der Sache war, auf diese Weise den weiteren Personenzuwachs in den Gemeinden zu stoppen. Die Kehrseite
der Medaille war, daß viele Paare unverehelicht zusammenlebten,
»im Konkubinat«, wie man verächtlich sagte, und die Kinder wurden
doch geboren – rechtlose Geschöpfe, schuldlos von der Öffentlichkeit
zu Menschen zweiter Klasse verdammt.

Seit Ende des 19. Jahrhunderts bot die Heimschneiderei den Menschen im westlichen Spessart willkommene Arbeit.

Folge der Überbevölkerung in den Spessartdörfern war im 19. Jahrhundert der Drang zur Auswanderung. Sogar die Landesregierung förderte sie nach Kräften mit unterstützenden Maßnahmen. Jahrzehntelang verließen die Menschen, oft in ganzen Familientrupps, die Heimat, um »nach Amerika zu machen«. An der Not in den Spessartdörfern änderte auch dieser gewaltige Aderlaß nichts. Not war der ständige Gast in den meisten Häusern – bis 1874 Johann Desch, ein findiger Schneider aus Aschaffenburg, der dort eine große Werkstatt betrieb, auf die Idee kam, Herrenoberbekleidung in Durchschnittsgrößen auf Vorrat anfertigen zu lassen – die Konfektionskleidung war erfunden. Da in diesen Einheitsgrößen auch das Nähen eine schematische Arbeit blieb, konnten ohne weiteres vorgeschnittene Teile von Schneidern außer Hause genäht werden, und arbeitslose Schneider gab es im Überfluß in den Dörfern rundum. Die Heimschneiderei wurde mit Ende des letzten Jahrhunderts ein wichtiger Erwerbszweig für den ganzen Distrikt bis weit hinaus in die Spessartdörfer. Der Lohn für die Arbeit war äußerst gering, aber man konnte fest mit ihm rechnen.

Eine wirkliche Wende kam auch für die Menschen des Spessarts erst nach dem Zweiten Weltkrieg im Zuge der fortschreitenden Industrialisierung, die auch die Orte am Untermain ergriff und ausreichend Arbeitsplätze bot. Rasch waren auch die Leute im Spessart »vollmotorisiert«, und damit lag das ganze weite Industriegebiet bis zum Großraum Frankfurt praktisch vor der Haustüre. Damit veränderte sich das Leben der Menschen im Spessart grundlegend, und es veränderte sich auch das Gesicht der alten Dörfer. Aus armen Bauern waren gutbezahlte Industriearbeiter geworden, die zudem ihre Kinder gerne auf die nun überall eingerichteten höheren Schulen schickten, damit sie einmal »etwas Besseres« werden sollten. Viele haben es geschafft.

Die alten armseligen Spessartdörfer haben sich gewandelt zu Vororten der Randstädte mit hellen, freundlichen Häusern, die manchmal allerdings eher nach Tirol passen würden als in den Spessart. Die Krautgärten vor dem Küchenfenster wurden zu Blumenbeeten unter der Terrasse – und die am Ortsrand liegenden »Flecken« (Obst- und Gemüsegärten) sind als Bauland längst verkauft, Allerweltsneubauviertel wuchern hinaus ins Grünland. Die Landwirtschaft wird so nebenbei von »Mondscheinbauern« erledigt, sie bestimmt nicht mehr das Ortsbild; die wenigen verbliebenen Vollbauern betreiben eine spezialisierte Intensiv-Landwirtschaft – wie eben andernorts auch. Die gemütlichen Kuhgespanne sind längst ersetzt durch Traktoren. Die gewundenen Feldwege wurden begradigt und asphaltiert. In den Dörfern sind die alten Wirtshäuser oftmals umgebaut zu »Freßlokalen« oder aber auf Spezialitäten- und Feinschmeckerlokale getrimmt, alles für die in Massen an Wochenenden heranströmenden Besucher aus Frankfurt und Umgebung. Oder die alten Besitzer gaben mangels Nachfolger aus der eigenen Familie auf und verpachteten die Wirtschaft an Landfremde – Pizza, Gyros oder Döner Khebab sind in Spessartdörfern keine Seltenheit mehr. Und schließlich wohnen dort die dazugehörigen Ausländer in ganzen Familienverbänden – Spessartdörfer heute. Die alte Zeit ist vergessen. Noch sind die Leute mit der neuen recht zufrieden. Und doch scheint bei manchem so etwas wie unterschwellige Trauer um eine verlorengegangene Identität aufzukommen. Wie anders sollten sich die in letzter Zeit wiederholten Versuche von Vereinsgruppen erklären, wieder in »Spessart-Tracht« erscheinen zu wollen. Nun hat es im Spessart im Grunde keine eigentliche Tracht gegeben – schon Virchow meldete dies verwundert nach München und machte dafür die Armut der Leute verantwortlich. Sicher zu Recht, denn eine Tracht, die ja die Zeiten überdauern soll, braucht vor allem gute Stoffe – dafür war hier damals wahrhaftig kein Geld vorhanden.

Zu dieser Identitätssuche gehört zweifellos auch die in jüngster Zeit um sich greifende Neigung, Heimatmuseen einzurichten, in denen der Hausrat, die Arbeitsgeräte und sonstige Erinnerungsstücke an die Vorfahren eifrig zusammengetragen werden. Nicht wenige dieser Heimatmuseen sind mit viel Sachverstand und gutem Geschmack eingerichtet.

Und der Spessartwald selbst, so nah den Dunstschwaden des großen Industriegebietes Rhein-Main? Der aufmerksame Besucher mag bei Wanderungen auf Höhenwegen mit Erschrecken feststellen, wie stark gerade auf den Bergkuppen die Baumkronen bereits ausgedünnt sind und die oberen Äste in erbärmlich kahlen »Spießen« enden, wo der Wald schutzlos den von den Winden herbeigetragenen Schadstoffen ausgesetzt ist. Immer mehr Bäume, deren Zeit noch lange nicht gekommen wäre, sterben so allmählich ab. Die Zukunft der langsamwüchsigen Spessart-Eichen sieht schlecht aus. Wann werden die Menschen, die Nutznießer des Waldes, wohl endlich bereit sein, die Notzeichen der Bäume ernst zu nehmen?

Der Spessart:
Seine Wege, seine Orte

Vier Städte an markanten Punkten am Rande des Waldgebirges bezeichnen sich gerne als »Tor zum Spessart«: Aschaffenburg, Bad Orb, Lohr und Miltenberg. Alle liegen sie dort, wo seit alters Fernwege die Barriere der Wälder erschließen. Aschaffenburg und Lohr waren miteinander durch die den Spessart in West-Ost-Richtung querende alte Poststraße verbunden, die sich streckenweise mit der heutigen B 8 deckt. Etwas nördlich davon zog sich über die Höhenrücken die noch ältere Reichsstraße, »Birkenhainer Straße« genannt, von Hanau nach Gemünden–Würzburg hin. Der bekannte »Eselsweg« verläuft in der Hauptrichtung Nord-Süd über die Kammhöhen, ausgehend von Schlüchtern, gelegen an der alten Handelsstraße Frankfurt–Leipzig, mit einem zweiten Ausgangspunkt im nahen Orb, der Salzsiederstadt am Nordrand des Spessarts. Der Name des Weges erinnert noch an die Eselkolonnen, die im Mittelalter die Lasten zum südwestlichen Mainknie hintrugen, wo sie von Miltenberg aus weiterverfrachtet wurden in den Taubergrund oder ins Würzburgische.

Die vier »Tore« des Spessarts sind im folgenden der Ausgangspunkt unserer ausgewählten Ziele und Wege in deren nahe oder fernere Umgebung. Ob man sie nun als Einzelpunkte gezielt aufsucht oder in Rundfahrten unter Verbindung mehrerer Zielpunkte, bleibt natürlich jedem selbst überlassen. Ob mit Auto, Fahrrad oder in Wanderschuhen – auch dies ist Geschmackssache. Der Spessart ist mittlerweile durch viele Radwege erschlossen, für die es einschlägige Radwanderführer gibt. Fußwanderer treffen auf ein ganzes Netz gezeichneter Fernwander- und örtlicher Rundwanderwege. So sei ein jeder Herr seines Weges wie seines Zieles – nur sollte eines bedacht werden: Der Spessart, seine Landschaft und die historischen Orte erschließen ihre leise Schönheit nicht dem, der kilometerfressenderweise hindurchrast, sondern nur dem, der sich ihnen geruhsam mit offenen Augen, mit Herz und Verstand zu nähern bereit ist.

1. Aschaffenburg und der Nordwestspessart

Aschaffenburg – die »heimliche Hauptstadt« des Spessarts

Die Stadt mit ihren derzeit rund 66 000 Einwohnern ist die drittgrößte Stadt Unterfrankens – und mit ihren mehr als 1000 Jahren auf dem Buckel putzmunter. Und dies trotz stärkster Zerstörungen gegen Ende des letzten Krieges. Soweit es die Substanz noch zuließ, wurden um Schloß und Stiftskirche die altfränkischen Gassen und Winkel wieder hergerichtet. Daneben entstanden natürlich auch Bauten unserer Zeit, architektonisch oft recht interessant, vor allem für kirchliche und wirtschaftliche Zwecke. Auch die Kultur kommt hier nicht zu kurz: Ein Stadttheater wird ganzjährig von wechselnden Gastbühnen bespielt. Konzerte, von Rock bis Oratorium, finden in der hypermodernen Stadthalle statt. Mehrere Museen werben um Besucher, Kunstausstellungen und Vernissagen bieten sich an. Lebenskünstler schlechthin finden in Aschaffenburg jede Menge gemütlicher kleiner Lokale in der Altstadt – vom Bistro bis zur gepflegten Weinstube. Und abgesehen von dem angenehmen Ambiente hat die Stadt noch eine ganze Reihe interessanter Dinge zu bieten, die einen ausführlichen Besuch lohnen würden.

Haupt und Herz der Stadt aber sind sowohl das Schloß der Mainzer Erzbischöfe und Kurfürsten am nördlichen Ende des Hochplateaus über dem Mainbogen als auch das an dessen südlichem Rand gelegene Stift SS. Peter und Alexander.

35

Als Vorgängerbau des kurfürstlichen Schlosses wird eine keltisch-alemannische Fliehburg angenommen, in deren Bering später ein fränkisches Königsgut mit Verwaltungssitz des Gaues etabliert wurde. Südlich davon scheint im 9. Jahrhundert ein Kloster bestanden zu haben, da die Grundmauern einer kleinen karolingischen Kirche bei späteren Bauarbeiten unter dem Chor der Stiftskirche gefunden wurden, in der im Jahr 869 die Hochzeit zwischen dem Karolinger Ludwig dem Jüngeren und der aus dem sächsischen Herzogshaus stammenden Liutgard stattfand, die sich später auch hier bestatten ließ; ihr Grabmal befindet sich im Chor an der linken Wand. Auch wurde das Kloster unter Beteiligung von Mitgliedern des ottonischen Hauses in das Kollegiatsstift SS. Peter und Alexander umgewandelt und mit reichen Dationen bedacht, wozu auch der Wildbann über weiter Teile des Königsforstes Spessart gehörte. Gegen Ende des 10. Jahrhunderts diente Willigis, der politisch aktive und einflußreiche Mainzer Erzbischof, Kaiser Otto II. als Reichserzkanzler und engster Berater. In dieser Zeit ging Aschaffenburg mit Umland in kurmainzischen Besitz über. Amtssitz der Mainzer Erzbischöfe war fortan die im Mittelalter immer weiter ausgebaute Burganlage.

Das Schloß Johannesburg unserer Tage ist eine plangetreue Wiederherstellung des im letzten Krieg stark beschädigten Renaissanceschlosses, das Erzbischof Johann Schweickart von Kronberg durch den Baumeister Georg Ridinger 1607–1614 errichten ließ, nachdem im Markgräflerkrieg 1552 die mittelalterliche Burg völlig niedergebrannt war. Schloß Johannesburg bietet, von der Mainseite her betrachtet, einen großartigen Anblick in seinem kräftigen Sandsteinrot, mit den gravitätischen vier Ecktürmen und malerischen Zwerchgiebeln. Beachtenswert das Hauptportal an der Grabenbrücke mit der schweren geschnitzten Eichentür und schönen Steinmetzarbeiten. In den renovierten Schauräumen sind mehrere Museen untergebracht, die alle mit einer Eintrittskarte durchwandert werden können:

♦ Das Städtische Schloßmuseum bietet Exponate zu Stadtgeschichte und bürgerlicher Kultur (Mobiliar, Porzellan, Keramik, u.a. seltenes Dämmer Steingut, Spessartgläser, historische Gemälde).

Aschaffenburg: Schloß Johannisburg ▷

Innenstadt Aschaffenburg

1 Schloß Johannisburg
2 Pompejanum
3 Stiftskirche SS. Peter und Alexander
4 Stiftsmuseum
5 Löwenapotheke
6 Pfarrkirche Unsere Liebe Frau
7 Pfarrkirche St. Agatha
8 Sandkirche
9 Schönborner Hof
10 Bechtholdhaus
11 Jesuitenkirche

12 Gentilhaus
13 Krippenmuseum (Glattbach)
14 Jüdisches Dokumentationszentrum
15 Park Schöntal
16 Park Schönbusch
17 Nilkheimer Park
Beispiele moderner Kirchen:
18 Herz-Jesu-Kirche
19 Maria-Rosenkranz-Königin-Kirche
   (Stockstadt)
20 St. Kilian (Nilkheim)

◆ Eine Abteilung der Staatlichen Gemäldegalerie Bayern zeigt europäische Meister, als Schwerpunkt das »Lukas-Cranach-Zentrum«

◆ In der Suite der fürstlichen Wohnräume mit Schloßkapelle befindet sich die über den Krieg gerettete sehenswerte Originalausstattung, in der Schloßkapelle u. a. der Renaissance-Hochaltar von Hans Juncker (16. Jh.) mit reichem Figurenschmuck in Marmor und Alabaster.

> Geöffnet: April–Oktober: 9–12 Uhr, 13–17 Uhr. November–März: 10–12 Uhr, 13–16 Uhr. Montags geschlossen. Führungen nach Vereinbarung (Tel. 0 60 21/2 24 17).

Im Ostturm des Schlosses hängt ein Carillon mit 48 chromatisch gestimmten Glocken. Es ist täglich zu hören um 9.05, 12.05 und 17.05 Uhr. Am ersten Augustwochenende findet jährlich ein Carillonfest statt mit Konzerten international bekannter Carillonneure; im Schloßhof gibt es dazu einen Weinausschank.

In knapp zehn Gehminuten durch den Schloßpark erreicht man das Pompejanum, ein dem Stil einer reichen pompejanischen Villa nachempfundenes Haus mit säulengeschmücktem Atrium, hoch über dem lichtglänzenden Main und den Rebzeilen eines Weinbergs gelegen – ein Traum aus südlichen Gefilden. König Ludwig I. hatte diesen Traum geträumt und ihn hier, am klimatisch »südlichsten« Punkt Bayerns, von seinem Hofbaumeister Friedrich von Gärtner verwirklichen lassen (1840–1848). Schon während der Bauzeit weilte der König bei Besuchen in Aschaffenburg gerne hier und saß oft stundenlang in seinem bereits fertiggestellten Lieblingszimmer, wo er las oder Briefe schrieb – so auch im Sommer 1847 an seine geliebte »Lolitta«.

Im letzten Krieg wurde das Pompejanum stark beschädigt; nach langwierigen Restaurierungen ist es jetzt wiederhergestellt und wird derzeit durch Aufstellung von römischen Plastiken zur Außenstelle der Bayerischen Staatlichen Antikensammlung hergerichtet. Bereits fertig eingerichtet ist die höchst sehenswerte Küche eines pompejanischen Hauses.

> Geöffnet: 15. März – 15. Oktober: 10–12.30 und 13–17 Uhr. Montags geschlossen.

Der Stiftskomplex, vor allem die Kirche SS. Peter und Alexander und das Stiftsmuseum, bietet einen weiteren Glanzpunkt Aschaffenburgs. An der Stiftskirche selbst haben viele Jahrhunderte gebaut: Über einer karolingischen Kapelle und einer ottonischen Vorgängerkirche wurde im 12. Jahrhundert das mächtige Langhaus mit seinen strengen Pfeilerarkaden errichtet. Querschiffe und Chor (13. Jh.) zeigen bereits

Übergangselemente zur Frühgotik, desgleichen die Kapitelle der Säulen im von meditativer Stille erfüllten Kreuzgang. Das wohl bewegendste Zeugnis der frühen Epoche der Stiftskirche ist indes das große Kruzifix im Mittelschiff, bislang als romanisch bezeichnet, das nach jüngsten Forschungen aber bereits dem späten 10. Jahrhundert und damit der ottonischen Kirche zugewiesen wird. Es beherrscht in seiner ausdrucksvollen Hoheit den ganzen Raum. Die bedeutende Maria-Schnee-Kapelle an der Nordwestecke des Langhauses, 1516 vollendet, der spitzbehelmte Turm (Ende 15. Jh.) sowie der mit farbig gefaßten Engeln (man vermutet eine Auftragsarbeit von Matthis Gothard Nithard) geschmückte Taufstein (1487) stehen für Hoch- und Spätgotik. Aus der Zeit der Renaissance stammen die Westempore (16. Jh.), das Denkmal für Kardinal Albrecht im Nordschiff (1525) und Bronzeplastiken von Peter und Hans Vischer aus Nürnberg, ferner die Kanzel (1602) und der Magdalenenaltar (1617) von Hans Juncker. Der Rokoko-Baldachinaltar (1771) wirkt im strengen spätromanischen Chorraum fast zu verspielt, und klassizistisch idealisierend gibt sich das Grabmonument im Turmuntergeschoß des letzten Kurmainzer Erzbischofs, des 1802 verstorbenen Friedrich Karl von Erthal. Der Stolz Aschaffenburgs aber ist die »Beweinung Christi« von Matthis Gothart Nithart, genannt Grünewald. Er schuf um 1519 für die neue Maria-Schnee-Kapelle den Flügelaltar, der später als »unmodern« herausgenommen und bildweise verkauft wurde. Einzig das wunderbare Mittelbild ist Franken als »Stuppacher Madonna« erhalten geblieben. Eines Tages aber fand sich die für die Predella bestimmte Beweinung wieder, einstmals achtlos beiseite gestellt. Jetzt gilt sie in ihrer ergreifenden Ausdruckskraft als höchster Schatz der Stiftskirche. Die Schatzkammer mit ihren wertvollen Kirchengeräten kann, wie der Kreuzgang, bei Anwesenheit des Mesners besichtigt werden.

S. 41 oben: *Aschaffenburg. Das Pompejanum und sein Weinberg – Schöpfung und geliebtes Refugium König Ludwigs I.*
Unten links: *Beherrschend steht die Stiftskirche SS. Peter und Alexander über der Bürgerstadt.*
Unten rechts: *Schlößchen Schönbusch – letzte noble Geste der kurfürstlich-mainzischen Herrschaft in Aschaffenburg.*

Musizierender Engel am gotischen Taufbecken der Stiftskirche

Das <u>Städtische Stiftsmuseum</u> in restaurierten Räumen des Stiftskapitelhauses ist unbedingt sehenswert. Gezeigt werden frühgeschichtliche Funde aus der Umgebung Aschaffenburgs, Exponate aus der römischen Kaiserzeit, die ihre Spuren in den Kastellen am Main (»Nasser Limes«) hinterlassen hat, sowie reiche Sammlungen religiöser Kunst vom Mittelalter bis zur Gegenwart, u.a. das berühmte »Aschaffenburger Brettspiel« (um 1300), das in kostbaren Emailarbeiten auf der einen Seite ein Schach-, auf der anderen Seite ein Tric-Trac-Spielfeld hat. (I)

I Geöffnet: Mi. – Mo. 10–13 und 14–17 Uhr. Dienstags (!) geschlossen.

Ein gutes Beispiel für ein Aschaffenburger Bürgerhaus ist der Fachwerkbau der <u>Löwenapotheke</u> neben dem Stiftsmuseum, nach völliger Zerstörung im Krieg jetzt fachkundig nach dem alten Bauplan neu errichtet.

Die beiden ältesten Pfarrkirchen der Stadt, <u>Unsere Liebe Frau</u> in der Schloßgasse und <u>St. Agatha</u>, Treibgasse, wurden im letzten Krieg stark zerstört und unter Hinzufügung moderner Elemente – nicht zu jedermanns Freude – wieder aufgebaut. Sehr harmonisch dagegen ist die <u>Sandkirche</u> (Sandgasse). Sie wurde Mitte 18. Jahrhundert durch die Jesuiten an der Stelle einer älteren Kapelle erbaut; Jesuiten betreuten auch die Votivkirche und die von ihnen geförderten Wallfahrten zur »wundertätigen Muttergottes im Sand« bis zu ihrem Fortgang von Aschaffenburg. Gläubige Beter aber suchen immer noch die kleine Pieta auf, die ernst in all dem Goldglanz des Hochaltars thront. Beachtenswert sind die bewegten Deckenfresken von Johann Zick, Szenen der Verehrung Jesu darstellend, die nach Kriegsbeschädigungen beispielhaft ausgebessert wurden von Wolfgang Lenz, Würzburg. Wie durch ein Wunder sind im Zentrum der Zerstörung, in der Treibgasse gegenüber der Agatha-Kirche, zwei schmale Bürgerhäuser des 18. Jahrhunderts stehengeblieben. Eines davon ist das Bechthold-Haus, einziges erhaltenes Rokoko-Haus mit reichen Stuck-Rocaillen an der Fassade. Es gehörte einst dem Maler Jakob Conrad Bechthold, der Mitte

Blick von der Freitreppe der Stiftskirche auf die in alter Schönheit wiedererrichtete »Löwenapotheke« am Markt.

des 18. Jahrhunderts hier eine vielgefragte Malerwerkstatt betrieb, und der selbst vorzügliche Bilder schuf. In so mancher Kirche im Umland Aschaffenburgs werden wir noch vor seinen Altarbildern stehen, die sich durch große Ausdruckskraft und Lebendigkeit auszeichnen. Der Schönborner Hof am Freihofplatz belegt den Prunk einstiger Stadthöfe des Mainzer Stiftsadels. Der dreiflügelige Bau des frühen Barock (1676), nach den Kriegszerstörungen wieder aufgebaut, beherbergt heute das Stifts- und Stadtarchiv, sowie das Naturkundemuseum der Stadt, das u.a. eine gute geologische Sammlung zeigt und auf Anfrage auch naturkundliche Exkursionen organisiert.

l Geöffnet: Täglich (außer Mittwoch) 9–12 und 13–16 Uhr.

Weitere Museen und Ausstellungen

◆ In der frühbarocken Jesuitenkirche, Pfaffengasse 26, finden regelmäßig Ausstellungen zeitgenössischer Künstler statt.
l Geöffnet: Di.–So. 10–13 Uhr und 15–18 Uhr. Montags geschlossen.
◆ Die Kunstsammlung im Gentilhaus, Grünewaldstraße 20, zeigt Gemälde und Skulpturen vom Mittelalter bis zur Gegenwart sowie Ostasiatica.
l Führungen nur nach Vereinbarung (Tel. 0 60 21-33 04 46).
◆ Das »größte Krippenmuseum Nordbayerns« befindet sich in dem nördlichen Vorort Glattbach. Das Stengerhaus neben der alten Pfarrkirche beherbergt rund 400 Krippen aus aller Welt.
Geöffnet: Vom ersten Advent bis Dreikönige täglich 14–18 Uhr, Sonntags auch 10–12 Uhr. Montags geschlossen. Sonst Besichtigung nach Voranmeldung (Tel. 0 60 21-3 49 10).
◆ Das Jüdische Dokumentationszentrum, Wolfsthalplatz, bewahrt Zeugnisse jüdischen Lebens der vormals großen Gemeinde Aschaffenburgs auf.
l Zu besuchen nur nach Voranmeldung (Tel. 0 60 21/2 90 87).

Aschaffenburg ist reich an Parkanlagen

Außer dem bereits erwähnten Schloßpark (Mitte 19. Jh.) entstanden sämtliche öffentlichen Gärten in der Zeit des ausgehenden 18. Jahrhunderts. Sie wurden unter Kurfürst Friedrich Karl von Erthal geschaffen, der als aufgeklärter Potentat seinen Untertanen den Genuß des Aufenthaltes in seinen Parkanlagen gewährte.

◆ Das heute im Stadtinnern liegende Schöntal war damals noch vor der Stadtmauer angelegt worden unter Einbeziehung der Ruine eines 1552 im Markgräflerkrieg zerstörten Beginenklosters mit künstlichem See inmitten gepflegter Grünanlagen. Eine botanische Rarität ist der Magnolienhain – zur Blütezeit ein rosa-weißer Traum. Auch die nahe Fasanerie wurde als Landschaftspark dem Volk geöffnet.

◆ Am schönsten aber ist der Park Schönbusch, jenseits des Flusses in den Mainauen zwischen 1778 und 1802 angelegt, ein letztes Geschenk der Kurmainzer Herrschaft an die Nachfahren. Der aus Portugal stammende Architekt Emmanuel d'Herigoyen, 1778 in kurmainzische Dienste berufen, schuf zunächst den französischen Teil des Parks mit gradlinigen Alleen, mit künstlichem Kanal und See, an dessen Ufer er das bezaubernde Schlößchen Schönbusch erstellte, einladend zu Plauderstündchen in intimem Kreis. Später wurde der Schwetzinger Hofgärtner Friedrich Ludwig Sckell hinzugezogen, der das weite Gelände in einen englischen Landschaftsgarten mit Wiesenflächen, malerischen Baumgruppen und stillen Musentempeln verwandelte. Es war einer der ersten Parks dieser Art auf deutschem Boden überhaupt. Eine Gaststätte am See und das alte Hecken-Labyrinth sollen hier nicht unerwähnt bleiben.

> Schlößchen Schönbusch ist geöffnet: Vom 15. März – 15. Oktober täglich (außer Montag) von 9–12.30 und 14–16.30 Uhr.

◆ Südlich des Schönbusch-Parks zwängt sich zwischen Landstraße und Fluß der kleine Nilkheimer Park, Relikt des zu Anfang des 19. Jahrhunderts von dem kunstsinnigen Kaufmann Felix Freiherr von Mergenbaum erbauten Hofgutes Nilkheim. Von der unter breitkronigen Bäumen verlaufenden Mittelallee mit Säulenrundtempel, Obelisk und wunderlichen Sphingen im Stile des Empire bieten sich schöne Ausblicke auf Main und Aschaffenburg.

Wenn man schon in Nilkheim ist, sollte man einen Blick in die neue Pfarrkirche St. Kilian (Kilianstraße) tun. Sie gibt uns Anlaß zu einem kleinen Exkurs für Kunstinteressierte:

Sowohl <u>Dominikus Böhm,</u> dem man den Ehrentitel »Vater des modernen Kirchenbaues« gab, als auch dem vielleicht gleichrangigen <u>Albert Boßlet</u> kann man hier begegnen. In Aschaffenburg hatte Boßlet 1928/1929 – wenige Jahre vor seiner berühmten Kirche des Klosters Münsterschwarzach – gleich zwei Kirchen erbaut, die Herz-Jesu-Kirche (Ecke Saar-Deschstraße) und eine kleinere Josephskirche, die den letzten Krieg nicht überdauert hat. Die Beschädigungen an der Herz-Jesu-Kirche aber wurden weitgehend behoben nach den Originalplänen; das Bauwerk lebt aus dem Geist der Romanik in der Monumentalität des Baukörpers und seiner klaren, auf den Hauptaltar bezogenen Raumgestaltung, ebenso wie in dem als Gliederungselement eingesetzten Motiv des Rundbogens, ohne jedoch eine nachempfundene »romanische Kirche« zu sein. Raumweite und Helligkeit bei großer Schlichtheit der Formensprache schaffen ein ganz unsentimentales Gottes-Haus unseres Jahrhunderts. Es gereicht der Pfarrgemeinde zur Ehre, daß sie schon so frühzeitig sich den Ideen des damals noch geradezu revolutionär anmutenden Kirchenbaues öffnete.

Das gleiche gilt auch für die Kirchengemeinde St. Peter und Paul in dem im nördlichen Vorland Aschaffenburgs gelegenen **Dettingen** (Luitpoldstraße), wo Dominikus Böhm schon 1922/1923 als eines seiner frühesten Werke die Pfarrkirche gebaut hatte. Unter Betonung von Material und Konstruktionselementen erstellte er einen sachlich-kühlen Raum, der Blick und Aufmerksamkeit der Beter konzentriert auf das Geschehen am Hauptaltar. Einziger Schmuck des lichtvollen Altarraumes ist eine auf der Stirnwand gemalte ekstatische Kreuzigungsgruppe. Auch die Seitenwände des verschatteten Langhauses sind bedeckt mit Wandbildern, die Szenen aus dem Leben Jesu erzählen, in der gleichen bewegten Art, ohne sich doch optisch vorzudrängen. Sie stammen von Reinhold Ewald, Hanau, einem bedeutenden Vertreter des deutschen Expressionismus.

Als nach dem Zweiten Weltkrieg überall im Lande auch neue Kirchen gebaut wurden, waren die Böhmschen Vorstellungen schon Allgemeingut geworden. Der Würzburger Diözesanbaumeister <u>Hans Schädel,</u> ein auch international geschätzter Architekt, ver-

Die Pfarrkirche St. Peter und Paul in Dettingen von Dominikus Böhm ist ein interessantes Beispiel für den frühen modernen Kirchenbau. Blick zum Altar und zur Orgelempore.

stand es meisterlich, dem Konstruktivismus seiner Kirchen jeweils etwas ganz Orts- oder Namensspezifisches, eine »Persönlichkeit« gewissermaßen, mitzugeben. Seinen Bauten begegnet man wiederholt im Spessart. In **Stockstadt**, einem westlichen Vorort Aschaffenburgs, befindet sich eines seiner frühen Werke (1948/1951), die Maria Rosenkranz-Königin-Kirche (Dessauer Straße). Er gab ihr einen elliptischen Grundriß, betont durch den Kranz von elf an Seitenkapellen erinnernden Nischen, durch deren hohe Fensterbögen sanft schwebendes Licht dringt, das den Raum zu tragen scheint, während aus der Höhe des zentralen Tambourfensters die golden leuchtende Gestalt einer Taube herniedersinkt. Trotz der offen daliegenden Konstruktionselemente ist dieser Raum ein Gehäuse inniger Frömmigkeit.

Die bereits erwähnte Kirche St. Kilian im Vorort **Nilkheim** ist vom Baudatum her die letzte der hier aufgeführten modernen Sakralbauten. Sie gilt als bestes Werk des Aschaffenburger Architekten <u>Alois Grimm.</u> 1953/54 wurde sie aus Buntsandsteinquadern errichtet und steht wie ein Felsklotz in der Brandung der

Zeit. Dieses Gefühl des Unumstößlichen, das Geschütztsein vor dem Lärmen der »Welt«, vermittelt auch der große, ungegliederte Innenraum. Die ruhigen Wandflächen führen den Blick des Betrachters hin zum deckenhohen Mosaikbild vom Guten Hirten hinter dem Hochaltar. Zur Sammlung rufen auch die farblich zurückhaltenden 14 Kreuzwegstationen von Hans König, Klingenberg. Die in Kupfer getriebenen Bildtafeln zeichnen den Passionsweg in umrißhaften Figuren nach, manchmal das Geschehen fast mehr andeutend, denn körperhaft dargestellt. Aber welche Intensität der Aussage liegt gerade in dieser äußersten Beschränkung!

Der Blick in die Nilkheimer Pfarrkirche bietet ein Beispiel für die künstlerische Sprache unseres Jahrhunderts und für die ganz unpathetische Frömmigkeit moderner Kirchenbaukunst. Freilich, viele mögen diese Kirchen nicht, nennen sie roh in ihrer oft sichtbar gemachten Konstruktionsweise. Auf den ersten Blick vermitteln sie den Eindruck des Unpersönlichen, von Kälte – und sind darin vielleicht auch Spiegel unserer Zeit. Der Raum aber, in dem wir Gott begegnen wollen, sollte von klarer Wahrhaftigkeit sein. Dann wird er uns auf uns selbst zurückführen, zu einer Konzentration auf das Wesentliche, wie es uns die Formstrenge romanischer Kirchen lehrt.

Aschaffenburger Nahziele: Kahler Seenplatte, Hahnenkamm,
Seligenstadt und Großostheim

Beim Namen Spessart denkt man wohl an bewaldete Höhenzüge, soweit das Auge reicht. Der »Verein Naturpark Spessart« e.v. sieht das
durchaus anders: Das Gebiet, das er unter diesem Titel betreut, umfaßt auch die Tallandschaft des Untermains mit ihren malerischen
Weinorten, die fruchtbaren Hügel des Vorspessarts und die Talauen
der Kinzig, die bei Hanau in den Main mündet. Hier, in Hanau, beginnt auch die den Spessart in westöstlicher Richtung durchquerende
Hauptwanderstrecke der alten Birkenhainer Landstraße (Wegzeichen:
B). Von der Kinzigniederung mit den verträumten Auwäldern der Bu-
lau führt sie durch den weiten St. Wolfganger Forst mit der Kloster-
ruine St. Wolfgang hinauf über den Vorspessart zu einem der Haupt-
kämme des Hochspessarts, bis sie bei Gemünden wieder hinunter-
steigt ins Maintal, wo sie endet. Sie folgt auf dieser Route weitgehend
der mittelalterlichen Reichsstraße Frankfurt – Würzburg, Weg von
Kaufleuten und Kaisern. Der St. Wolfganger Forst geht im Süden über
in den Emmerichshofer Wald, so genannt nach dem kleinen Schloß
Emmerichshofen, malerisch am Nordufer des Kahler Sees gelegen, ein
Landadelssitz des 18. Jahrhunderts, der immer noch etwas vom
Charme feudaler Zeiten ausstrahlt.

Von **Dettingen** aus, ca. acht Kilometer nordwestlich von Aschaffenburg gelegen, kann man sämtliche der genannten Nahziele erreichen.
Dettingen, heute ein Ort mit Vorstadtcharakter, hat neben der schon
erwähnten neuen Pfarrkirche von Dominikus Böhm (s. S. 46) noch
eine aus dem 15. Jahrhundert stammende frühere Pfarrkirche im alten Ortskern mit prächtigem hochgotischem Sakramentshäuschen
(um 1500) aufzuweisen. Bekannter allerdings wurde der erstmals 975
erwähnte Ort durch die »Schlacht von Dettingen« (1743), als im
Österreichischen Erbfolgekrieg die französische Armee von den ver-
bündeten Österreichern und Engländern blutig geschlagen wurde.
Händel komponierte daraufhin zur Siegesfeier in London das »Det-
tinger Tedeum«, das heute noch aufgeführt wird.
Nahe bei Dettingen liegt **Kahl am Main** – seit 1960 im Windschatten
des ältesten deutschen Versuchs-Atommeilers, der erst in jüngster
Zeit stillgelegt wurde. Der Ort hat die bewegte Geschichte aller offenen Orte im Durchzugsgebiet Maintal hinter sich. Seit 1425 vom Kai-

ser an Kurmainz gegeben, fiel es 1814 an Bayern. Die große Pestepidemie im Jahr 1636 hatte alle Bewohner hinweggerafft, erst 1650 kam es zu einer Neuansiedlung. Heute ist Kahl eine betriebsame kleine Stadt am Rande des Rhein-Main-Industriegebiets und wohlbekannt bei Eisenbahn-Fans für die an manchen Sommersonntagen hier startenden Nostalgie-Fahrten der Kahlgrundbahn mit historischen Dampfloks.

| Auskunft: Bahn-Auskunft Aschaffenburg Tel. (0 60 21/1 94 19) oder Kahlgrund-Verkehrsgesellschaft mbH. (Tel. 0 60 21/2 02 35).

Mit der **Kahler Seenplatte,** die sich zwischen Main und unterem Kahlgrund erstreckt, erscheint ein völlig anderes Landschaftsbild: Kiefernwälder wechseln ab mit Steppenheideflächen und an manchen Stellen auch Sanddünen, im Talgrund mit Feucht- und Torfgebieten. Diese Seenplatte ist das Relikt des vormaligen Braunkohleabbaues, der im Tagebau gearbeitet hatte (eingestellt 1932). Die alten Gruben hatten sich mit Grundwasser gefüllt und bilden nun ein beliebtes Wassersport- und Wandergebiet. Die an Biotopen reiche Seenplatte ist durch Wanderwege und einige Naturlehrpfade gut erschlossen:

♦ Der Naturlehrpfad Langer See zwischen Kahl und Großwelzheim geht besonders auf Tier- und Pflanzengesellschaften im Feuchtgebiet und am Gewässerrand ein.

♦ Der Rundwanderweg Kahl beginnt beim Bahnhof Kahl, führt vorbei an ehemaligen Baggerseen mit ihrer üppigen Uferflora und -fauna, durch kleine Kiefernwaldstücke mit Trockenböden liebenden Gras- und Flechtenarten, um schließlich den Kahler See zu erreichen mit seinen großen Wasserflächen, die Wasservögel anlocken.

♦ Im Unterwald zwischen Alzenau und Kahl liegt das Naturschutzgebiet Alzenauer Sande. Hier wächst eine Anzahl von Pflanzen, die in der »Roten Liste Bayern« als gefährdet eingestuft sind. Ferner kann man noch einige für Sandflächen typische Vögel (Ziegenmelker, Sandpieper, Heidelerche) und Insekten (blauflügelige Ödlandschrecke, Kreiselwespe, Sandlaufkäfer, Ameisenjungfer) zu Gesicht bekommen. (Zugang zum NSG entweder vom Parkplatz am westlichen Ortsausgang Alzenau hinter dem Sportfeld oder vom Ortsrand Hörstein aus, abbiegend von der Straße nach Kahl beim dortigen Sportplatz).

♦ Für Jugendliche (Schulklassen) besonders geeignet ist der vom Landesverband für Vogelschutz bei **Kleinostheim** eingerichtete Projektgarten mit kleinem See zur Demonstration von biologischem Gartenanbau, Bienenzucht usw.

Führungen und Auskünfte beim LBV, Geschäftsstelle Stockstadt (Tel. 0 60 27/26 73).

Beherrscht werden der untere Kahlgrund und das Maintal vom steil aufragenden Block des **Hahnenkamm**. Mit seinen bis zu 400 Metern ansteigenden Höhen über der hier beginnenden Tiefebene des Maintales wirkt er besonders imponierend. Beliebtes Ausflugsziel der Aschaffenburger ist der **Ludwigsturm**, der eine prachtvolle Aussicht weit hinaus ins Umland bietet. Benannt ist er nach der »Bergbesteigung« durch den in Aschaffenburg beliebten König Ludwig I. anläßlich eines Sommeraufenthaltes im Jahr 1840.

Seligenstadt und **Großostheim** sind, wenn auch jenseits des eigentlichen Spessartgebietes liegend, unbedingt sehenswert, zumal schon seit Beginn der Geschichte von Stift und Bürgersiedlung Aschaffenburg enge geistige und geistliche (Abtei Seligenstadt), wirtschaftliche und verwaltungsmäßige Verbindungen (Großostheim) zu Aschaffenburg bestanden hatten. Sie sind von Aschaffenburg aus direkt über schnelle Straßen zu erreichen; hübscher ist die Anfahrt aber via Dettingen-Karlstein mit der Autofähre über den hier breit und ruhig dahinströmenden Main, die ihre jenseitige Anlegestelle in Seligenstadt direkt unter der berühmten Abteikirche hat.

Einhard, der Biograph und Vertraute Karls des Großen, ließ auf dem ihm 815 geschenkten Königsgut »Mulinheim« ein Kloster errichten, dessen Kirche ihm und seiner Gemahlin Imma als Grablege dienen sollte. 828 wurden die Reliquien der römischen Märtyrer SS. Marcellinus und Petrus hierher überführt, woher der Name Seligenstadt rührt. Nach seinem Tod 840 fand Einhard zunächst in der Krypta der Basilika bei den Reliquien seine Ruhestätte, später wurde der 1722 erneuerte Sarkophag mit den Gebeinen des Stiftereheparres in der dem nördlichen Seitenschiff vorgelagerten Kapelle aufgestellt. Die vormalige Abtei- und jetzige Pfarrkirche gilt als die größte karolingische Basilika nördlich der Alpen mit dreischiffigem Langhaus, Rundapsis und Rundkrypta unter dem Oktogon des Vierungsturms. Die Hochromanik gestaltete das äußere Bild der Basilika, Zutaten aus gotischer Zeit, ein hochbarocker Altar sowie die neoromanische Westfront mit zwei Türmen (19. Jh.) fügen sich der großen Würde des Gotteshauses ein. Der immer noch mauerumschlossene Klosterkomplex zeigt heute noch die Anlage einer reichen mittelalterlichen Abtei mit Klostermühle, Wirtschaftsgebäuden, Nutz- und Ziergärten. Sehenswert ist die vollständig erhaltene rauchdunkle Klosterküche sowie die im 18.

Jahrhundert prunkvoll erneuerten Räume der Prälatur und Klosterbibliothek.

Prälaturmuseum: Führungen März–Oktober 10, 11, 13, 14, 15 Uhr. November–Februar 10, 11, 13, 14 Uhr.

Das hochmittelalterliche Seligenstadt sonnte sich im Glanze kaiserlicher Huld: Vermutlich wurde schon unter Friedrich I. am Mainufer eine Pfalz errichtet, die um 1240 von Friedrich II. zu einem prächtigen Bau erweitert wurde. Die Reste des Palas am Mainufer mit der großen Doppelbogen-Fensterfront lassen davon noch etwas ahnen. Das mehrgeschossige Romanische Haus im stilvollen Hof hinter dem Rathaus, vormals Sitz des staufischen Stadtschultheissen, wurde vor kurzem renoviert und wird nun für kulturelle Veranstaltungen genutzt. Ein Bummel durch die alten Gassen der Stadt mit ihren schönen Fachwerkensembles (und gemütlichen Gaststätten) lohnt sich gleichfalls. Hier in diesen Straßen – möglicherweise im »Haus zum Stern« am Marktplatz – soll um das Jahr 1430 der Maler Hans Memling als Sohn einer angesehenen Familie das Licht der Welt erblickt haben. Er kam später in Brügge als großer Meister der niederländischen Malerei zu Ruhm und Ehren.

Eine besondere Attraktion von Seligenstadt ist der alle vier Jahre gefeierte »Löffeltrank« in historischen Kostümen. Er geht auf einen Brauch aus der Zeit der Kaufmannsgeleitzüge zurück, die in Seligenstadt ihre letzte Nachtrast vor Frankfurt hielten: Da mußte jeder erstmals hier Rast machende Kaufmann aus Augsburg oder Nürnberg einen Trunk tun aus dem einen Liter Wein fassenden Holzlöffel ohne abzusetzen, in einem Zug. Wer das nicht schaffte, mußte einen »Strafpfennig« zahlen.

I Auskunfte: Verkehrsamt Seligenstadt (Tel. 0 61 82/8 71 77).

Auf der Rückfahrt nach Aschaffenburg über die Schnellstraße bietet sich ein Besuch im vor den Toren der Stadt liegenden **Großostheim** an. Der Ort ist seit frühfränkischer Zeit der Mittelpunkt des fruchtbaren Bachgaus, ein sehr altes Steinrelief des hl. Martin mit Bettler an der Außenfront der Pfarrkirche St. Peter und Paul weist auf eine entsprechende Vorgängerkirche. Die frühfränkische Grafschaft und spätere »Cent Bachgau« fiel 1278 an das Erzstift Mainz und 1814 an Bayern. Die heutige Pfarrkirche, ein wuchtiger spätgotischer Bau, beherrscht die Ostseite des weiten Marktplatzes. Sie besitzt beachtliche Kunstwerke: Gotische Wandmalereien schmücken die Taufkapelle. Das Hauptportal flankieren barocke Statuen der beiden Patrone in goldglänzenden Gewändern. Links des Hochaltars eine anmutige Rokokomadonna als Pendant der puttengeschmückten Kanzel. Den größten Schatz aber birgt die linke Seitenkapelle, die Riemenschneider-Beweinung, heute als ein Jugendwerk des Meisters anerkannt. Wenige Gehminuten vom Marktplatz entfernt befindet sich in der Kreuzkapelle eine ausdrucksvolle Kreuzigungsgruppe von Hans Backoffen. Sie war Ziel der bis ins 19. Jahrhundert reichenden »Aschaffenburger Wallfahrt«, von der noch einige hochbarocke Stationsbilder am Rande der Großostheimer Landstraße Zeugnis ablegen. Zum reichausgestatteten Bachgau-Museum im schönen Fachwerkbau des »Nöthig-Gutes« am Marktplatz siehe Schlußkapitel (s. S. 184).

Bei der Rückfahrt nach Aschaffenburg sieht man links der Landstraße auf der Höhe des Nilkheimer Hofes eine kleine Kilians-Kapelle, an die sich eine der alten Wallfahrts-Stationstafeln lehnt; sie wurde um 1720 am Platz einer für 711/716 bezeugten St. Dionysius-Kapelle erbaut, die vermutlich als Hauskapelle des frühfränkischen Königshofes Nilkheim diente.

Gelnhausen – Kaiserpfalz und Bürgerstadt

Eilige Reisende werden Gelnhausen über die Autobahn anfahren. Landschaftlich reizvoller ist der Weg über Landstraßen, zum Beispiel die Route Alzenau – Michelbach – Somborn, dem einstigen Hauptort des sogenannten Freigerichts (vgl. S. 63). Südlich des Ortes tritt die »Birkenhainer Straße« aus dem St. Wolfganger Forst heraus, um die freie Höhe des Vorspessarts zu erklimmen. Hier liegt das Hofgut **Trages,** ein stilvoller Landsitz, der sich seit dem 18. Jahrhundert im Besitz der Frankfurter Familie von Savigny befindet. Um 1800 erlebte das Schlößchen unter dem gastfreundlichen Rechtsgelehrten Friedrich Carl von Savigny die Zeit eines wahren »Musenhofs« der jungen Romantiker. Zu den häufigsten Gästen zählten die Brüder Grimm, die Brentanogeschwister Clemens und Bettina sowie Achim von Arnim, die hier unbeschwerte Tage verbrachten. Heute sind es vor allem Golffreunde, die sich an den Park erfreuen.
Nördlich von Somborn, in Fahrtrichtung Gelnhausen, ist in den Kinzigauen bei Neuenhaßlau der Vogelschutzlehrpfad Niedermittlau angelegt, der als vorbildlich gilt. In der nächsten Ortschaft, Meerholz-Hailer, trifft man auf ein malerisches Renaissance-Schlößchen, das in den Mauern eines in der Reformationszeit säkularisierten Nonnenklosters von den Grafen von Isenburg errichtet wurde. Bald darauf grüßen schon über die Kinzigwiesen hinweg die spitzen Turmhelme der Marienkirche der Barbarossastadt Gelnhausen.
1170 hatte Kaiser Friedrich I. ihr die Stadtrechte verliehen. Die Pfeilerbasilika <u>St. Marien</u> mit Vierungs-, West- und Osttürmen wurde eine Generation später (um 1250) im eleganten Stil der Spätromanik erbaut. Von besonderer Bedeutung ist – da nur wenige Beispiele die Jahrhunderte überdauerten – der Lettner, der den Chor der Prämonstratenser, die Bau- und Kirchenherren waren, gegen die Laienkirche abtrennte. Er ist aus rotem Sandstein, Säulen mit kunstvollen Kapitellen stützen die baldachinähnliche Decke über dem Laienaltar »Zum Heiligen Kreuz«. Chorbeherrschend ist ein großer Flügelaltar,

der im Schrein fünf goldschimmernde Schnitzfiguren von Heiligen birgt; der Mittelpunkt der Gruppe und ihre Seele ist eine sanft-hoheitsvolle Maria mit Kind (von Nikolaus Schit, um 1500). Das Kostbarste aber sind die Glasmalereien der Chorfenster: Drei der insgesamt fünf stammen noch aus der Bauzeit um 1250; unverblaßt leuchten ihre Bilder in intensiven Farben. Neben weiteren guten Bildwerken beeindruckt das romanische Tympanon im Portal des südlichen Querschiffs, eine thronende Maria mit Kind von archaischer Strenge. Gelnhausen bewahrt noch viel Mittelalterliches in Gassen und Win-

Romanische Arkaden der Kaiserpfalz in Gelnhausen

55

keln mit prachtvollen Fachwerkhäusern. Reste der Stadtbefestigung mit Toren und Türmen zeugen von einstiger Stärke, der Hexenturm von Zeiten schwärenden Hexenwahns. Aus dem Jahr 1190 stammt das Romanische Haus, auch hier – wie in Seligenstadt – Sitz des staufischen Stadtvogtes.

Die Kaiserpfalz liegt auf einer Insel zwischen zwei Kinzigarmen und gilt als die schönste aller staufischen Pfalzen, obwohl auch sie nur noch rudimentär erhalten blieb. Eindrucksvoll sind die mächtigen Mauer-, Turm- und Torreste, berühmter ist die freistehende Palaswand mit der Galerie von offenen Arkaden, deren Rundbögen von eleganten Doppelsäulen getragen werden. Friedrich I. hatte die Pfalz als geschlossene Burganlage mit ihren Nebengebäuden zwischen 1170 und 1190 erbauen lassen. Mehrfach berief er hierher Reichstage ein; von Bedeutung war jener von 1180, als über den Sachsenherzog Heinrich, »der Löwe« genannt, nach langem Streit mit Kaiser und Reichsfürsten die Reichsacht verhängt wurde.

Auf seinen weitläufigen Reisen durch das Reich bis hinunter nach Italien pflegte die Kaiserin Barbarossa zu begleiten. Zeitgenossen sagten aus, Beatrix habe in allem regen Anteil genommen an des Kaisers Plänen und Geschäften, und ihre hohe Bildung und feine Lebensart waren hochgerühmt. Die Ehe war nach dem Urteil ihrer Zeit eine der wenigen glücklichen Fürstenehen. Sie hatte elf Kinder geboren und galt immer noch als eine blühende Frau, als sie ihn, etwa vierzigjährig, im Jahr 1184 nach Gelnhausen begleitet hatte. Dort überfiel sie ein Unwohlsein, und sie blieb zurück, als er in Geschäften weiterritt. Aber das Unwohlsein steigerte sich rasch zur heftigen Krankheit, und am 15. November 1184 verstarb Kaiserin Beatrix in Gelnhausen.

▷

Blick von der Ruine der Kaiserpfalz Gelnhausen auf die Stadt und die Türme der Marienkirche.

Der Nordwestspessart erfährt eine deutliche Gliederung durch die Täler der Aschaff und der Kahl. Scheidet die Kahl zum einen den walddunklen Hochspessart vom offenen Vorspessart, so bildet das untere Aschafftal den Zugang zum Hochspessart: Die alte Poststraße, die Eisenbahn sowie die Autobahn nehmen hier den Anstieg zur Höhe. Unsere Route folgt der durch das Aschaff- und Laufachtal führenden B 26. Bei **Frohnhofen** sieht der nicht zu eilige Fahrer nahe der Straße hie und da Grabkreuze, meist von Gebüsch und Bäumen umwachsen, mitten im Ort an der Durchfahrtsstraße ein großes Gedenkkreuz beim Aufgang zum Hauptgrab und Ortsfriedhof, die Einzel- und insgesamt fünf Sammelgräber anzeigen der am 13. Juli 1866 bei einem Gefecht des unseligen Bruderkrieges gefallenen etwa 175 hessischen und fünf preußischen Soldaten. **Laufach** lebte und lebt heute noch vom Eisen dank der bedeutenden Düker-Eisenwerke, Nachfolgerin des einstigen Eisenhammers Laufach (s. S. 75). In der neuen Pfarrkirche steht eine eindrucksvolle Pietà aus der Riemenschneiderschule. Man folgt der B 26 hinauf auf den Höhenkamm. Bei der großen Straßenkreuzung »Sieben Wege« schlägt man die scharf links abbiegende »Deutsche Ferienstraße Alpen – Ostsee« Richtung Heigenbrücken ein, die über den »Pollasch« (Schutzhütte und Parkplatz) führt. Hier, auf dem »heiligen Berg« des Spessartbundes, wo sich ein Ehrenmal für seine Gefallenen der beiden Kriege befindet, hat man einen schönen Ausblick über das Ashafftal bis nach Aschaffenburg und in die Mainebene. Wir folgen nun der Straße talwärts, vorbei an dem Gedenkstein für einen kurmainzischen Oberförster, der hier 1796 einige marodierende Franzosen stellte und erschoß (linke Straßenseite). Kurz vor Heigenbrücken gabelt sich die Straße. Die linke führt nach **Jakobsthal.** Das alte Glashüttendorf ist heute ein freundlicher kleiner Erholungsort. Hinter den letzten Häusern schwingt sich die Straße hinauf zum Höhenkamm, den man beim Gasthaus **Engländer** erreicht, ein bei Wanderern beliebtes Haus mit schönem Biergarten. Wir setzen unseren Weg in Richtung Wiesen fort. Wo sich die Straße bei der Kreuzung »Eselshöhe« nach rechts zum Ort hinunterwendet, nehmen wir die linke Abzweigung Richtung Kahlgrund und Schöllkrippen. In gemütlichen Kurven geht es talwärts. Dort liegen am Waldrand bei der Kahlquelle die Gasthöfe »Forellenhof« und »Bamberger Mühle«, beide bekannt für ihre Forellenzuchten.

Eine zweite Anfahrtsroute bis zum Engländer ist zwar kürzer, aber weniger romantisch: Man fährt über die B 26 bis zur Abzweigung »Weiberhöfe« auf der linken Talseite. Das jetzige Hofgut **Weyberhöfe,** ein geschätztes Speiselokal, geht zurück auf das ehemalige Jagdschloß »Vivarium«, das sich Erzbischof Werner von Eppstein im späten 13. Jahrhundert erbaut hatte. Ab hier führt die »Spessarthöhenstraße« über Sailauf und Obersailauf hinauf auf den langen Rücken des Hochspessarts, wo man den Gasthof Engländer erreicht; von da ab weiter die obengenannte Route bis zur Kahlquelle.

Noch ein Tip für geologisch Interessierte: Bei **Obersailauf** auf der Hartkoppe ist ein interessanter Quarzporphyr-Steinbruch, in dessen Halden Bruchsteine mit kleinen Achateinschlüssen gefunden werden können, die leuchtend gelb und rot geflammt sind. Die Abfahrt zum Steinbruch ist im Ort angezeigt.

Von der »Bamberger Mühle« ab folgt die Straße immer dem Kahlgrund, ein fruchtbares, dicht besiedeltes Tal. Im fränkischen Sprachraum findet man viele »Gründe« – sie bedeuten immer ein Tal mit fließendem Wasser und fruchtbaren Böden, das Menschen Lebensraum und Heimstatt bietet.

Schöllkrippen ist ein lebhafter Ort am oberen Ende des Kahlgrunds, Endstation der beliebten Kahlgrundbahn, einer der letzten Privat-Eisenbahnen Deutschlands. Im Zentrum des Ortes fällt eine Gruppe sichtlich alter Gebäude auf, eng um eine Kapelle mit massivem Wehrturm gedrängt – das einstige »Schloß« der kurmainzischen Amtsmänner. Es wird gesagt, Kern dieses Komplexes sei das feste Jagdhaus Barbarossas gewesen, eine nicht belegte, aber auch nicht widerlegbare Tradition, von den Schöllkrippenern unermüdlich hochgehalten. Ab Ortsmitte führt ein gut angelegter Naturlehrpfad auf den Reuschberg mit Erläuterungen zum geologischen Aufbau der Landschaft zwischen »Urgestein«, Dolomit und Buntsandsteindecke, mit Hinweisen auf Flora und Fauna, bis hinauf zur Ringwallanlage »Alte Burg« die neuere Untersuchungen dem Frühmittelalter zuweisen.

Am Ortsrand von Schöllkrippen folgt **Ernstkirchen,** die einstige Urpfarrei des Kahlgrundes. In der jetzigen Kirche befindet sich, in die Seitenwand eingelassen, eine merkwürdige Bildplatte: In Sandstein gemeißelt, zeigt sie im Hochrelief ein Kreuz, das frühfränkische Schmuckelemente in nachgeahmter Manier von Zellenwerk im Kreuz selbst aufweist; der Kreuzespfahl aber geht in eine kräftige Wurzel aus, ähnlich der Lebensstammrune. Daneben sind symbolhafte

Menschengestalten eingeritzt und, die Figuren überschneidend, das Feld eines Mühlespiels. Man fand die Reliefplatte bei Umbauten der Kirche im Sockel vermauert, Herkunft und Bedeutung sind ungeklärt, das Alter wird auf über 1000 Jahre geschätzt.

Noch ein Tip für Steinesammler: In Ernstkirchen Abfahrt links nach **Sommerkahl,** hinter dem Ortsende im Talgrund liegt die einstige Kupfergrube »Wilhelmine«. Die Felswand von hellem Schöllkrippener Gneis mit dem (verschlossenen) Stollenmundloch ist stellenweise auffallend hellgrün und blau angefärbt durch Ausblühungen von Malachit und Azurit – Steinesammeln auf eigene Gefahr ist erlaubt.

Doch zurück zum Kahlgrund: **Schimborn** und **Mömbris** sind dank der Anbindung an Aschaffenburg durch direkte Buslinien längst zu städtischen Vororten geworden. Dabei war Mömbris einmal der mittelalterliche Hauptort des mittleren Kahlgrundes gewesen, bewacht von der Burg Wombach – heute Ruine, am Ortsrand unter Bäumen versteckt – und längere Zeit Rieneckische Speerspitze, von Nordwesten her gegen Aschaffenburg gerichtet.

Weiter geht's kahlabwärts nach **Michelbach.** Hier kommen die ersten Weingärten des kleinsten Weinbaugebietes Frankens am Fuß des Hahnenkamms mit seinen auf »Urgestein« gedeihenden Reben in Sicht. Ein ländliches Herrenhaus in der Talaue am Ortsrand, ursprünglich eine Wasserburg und letzte Erinnerung an die im hohen Mittelalter bedeutenden Herren von Michelbach, wird derzeit eingerichtet zu einem Heimatmuseum.

Kälberau, heute zu Alzenau gehörig, wirkt noch recht ländlich. Sein Anziehungspunkt ist die Wallfahrtskirche »Maria zum rauhen Wind«. Die Wallfahrt findet vor allem zu den Festen Mariae Heimsuchung Anfang Juni und Mariae Geburt Mitte September statt. Wie eine Burg erhebt sie sich am Ortsrand über der tieferliegenden Talsohle. Der helle Bau ist schon von weitem sichtbar mit seinen kühn geschwun-

S. 61, oben links: *Burg Alzenau.*

Oben rechts: *Blick aus dem berühmten Weingarten des Abtsberges auf Hörstein mit seiner alten Wehrkirche.*

Unten: *Kinderspiele an der jungen Kahl, wo sie noch ungezähmt durch die Wiesen springt.*

Das Gnadenbild von Kälberau
»Maria zum rauhen Wind«

genen Wänden. Gelassen stellt sich ihm die bescheidene gotische Wallfahrtskirche zur Seite. Da sie die großen Scharen der Wallfahrer nicht mehr fassen konnte, stellte ihr Diözesanbaumeister Hans Schädel in den fünfziger Jahren den Neubau zur Seite, der durch einen Verbindungstrakt an die alte Wallfahrtskirche angegliedert ist. Der Grundriß des neuen Zentralbaues erinnert an ein vierteiliges Kleeblatt. Von den dreiseitig angeordneten Bankreihen ist der Blick der Gläubigen zur Chorwand gerichtet, deren einziger Schmuck eine lebensgroße Madonna ist, und auf den Mittelpunkt des liturgischen Geschens am Altartisch – wenn er nicht durch die bodentiefen Fenster hinausschweift ins Grün des Tales. Menschenwelt und geheiligter Bezirk durchdringen sich hier, umfangen den Schauenden mit Frieden. Außer dem Gnadenbild, eine schlichte Madonna mit dem schmerzlich-wissend dreinblickenden Kind auf dem Arm (um 1380) und der glücklich lächelnden Madonna aus der Zeit des sogenannten schönen Stils (um 1450) im Zentralraum, die dem Kind spielerisch eine Traube reicht, gibt es noch eine dritte Madonna in der Kirche, eine Pieta (17. Jh.), die ihren Platz in der sehr intimen Gedächtniskapelle für die Toten der Weltkriege neben dem Verbindungstrakt der beiden Kirchen gefunden hat. Man sollte sich ein wenig Zeit nehmen für diese drei Madonnen – eine jede spricht auf ihre Art den Menschen an.

Alzenau – Hauptort des ganzen Kahlgrundes – kann, wenn man Lust hat, von Kälberau aus zu Fuß erreicht werden. An dem bequemen Talweg stehen noch einige Bildstöcke, Überreste des vormals vielbegangenen Stationswegs der Alzenauer nach Kälberau »Zu den Sieben Schmerzen Mariens« (von Anton Wermerskirch um 1700).

Der Ort kann eine gut geglückte Sanierung des Stadtkerns in den frühen achtziger Jahren vorweisen. Da gibt es einen großflächigen Marktplatz mit Brunnen, Bäumen und Sitzbänken, mit Läden, Stadtbücherei und weiteren öffentlichen Einrichtungen in gekonnt angewandter Postmoderne, die sich mühelos mit der Stadtpfarrkirche verträgt (1754, von Johann Martin Schmidt, Miltenberg). Sie besitzt eine kostbare hochbarocke Innenausstattung, u. a. mit Arbeiten des Würzburger Hofbildhauers Johann Peter Wagner. Alles überragt die Burg Alzenau auf einer Felsnase, die fast bis auf den Marktplatz vorstößt. Die recht malerische Burganlage geht nur im Kern auf mittelalterlichen Bestand zurück, es ist viel dazugebaut worden im Laufe der Zeit. Sehenswert ist im alten Trakt der spätgotische Rittersaal mit großem Kamin und Kapellenerker und schönem Ausblick in den Kahlgrund.

Heute ist Alzenau die bedeutendste Stadt im Landkreis Aschaffenburg mit lebhafter Kleinindustrie. Sie trat 1175 erstmals in Urkunden auf unter dem Namen Wilmundsheim als einer der Zentgerichtsorte des »Freigerichts« – ein Gebiet, das die Siedlungen des Vorspessarts zwischen Gelnhausen und Seligenstadt, den beiden staufischen Pfalzen also, umfaßte. Kein Wunder, daß seine Entstehung denn auch Kaiser Barbarossa zugeschrieben wurde, der den Bewohnern dieses Gebietes die alten Freiheiten sogenannter Königsbauern verbrieft haben soll. Dazu zählten eigene Gerichtsbarkeit und Steuerfreiheit gegenüber anderen Territorialherren – eine Art Reichsunmittelbarkeit also. Das Freigericht bildeten die Zenten Wilmundsheim, Hörstein, Mömbris und Somborn.

Nach altem Recht wählten sich die Männer des Freigerichts ihren »Landrichter« als oberster Hüter von Recht und Ordnung selbst auf einem allgemeinen Thing. Meist war es einer aus einem der im Freigericht ansässigen Adelsgeschlechtern. Wenn dieser Landrichter freilich allzu selbstherrlich mit den Freigerichtsbauern umging, gab es Ärger – sie wählten ihn ab, was solch ein adeliger Herr nicht immer hinzunehmen bereit war. Gegen Ende des 14. Jahrhunderts nutzte eine solche Situation der Verunsicherung das stets um eine Erweiterung seines Machtbereiches bemühte Erzstift Mainz, um sich in einem Handstreich 1399 auf der Bergnase oberhalb des Dorfes Wilmundsheim eine Burg zu errichten, Alzenaha genannt. Rechtsansprüche hatte Mainz hier keine – aber mehr Macht als die Freigerichtler. Als nun vollends der stets in Geldnöten steckende Kaiser Maximilian I. um 1500 das Freigericht mit den vier Zenten zu gleichen Teilen der Grafschaft Hanau und dem Erzstift Mainz zu Lehen gab, waren die alten Freiheiten verloren. Auf der Burg Alzenau residierte ab 1503 ein kurmainzischer »Burgmann« mit aller Härte über die mainzischen »Untertanen« des Freigerichts; seitdem galten hier Kurmainzer Recht, Vorschriften, Zentabgaben – und schließlich sogar Frondienstpflichten. Das Volk ertrug es murrend. Einzig die Hörsteiner begehrten auf: 1583, als ein neueingesetzter Amtmann nun auch noch verlangte, daß man ihm sein Brennholz in Fronfuhren auf die

Darstellung der hl. Wilgefortis oder Kümmernis in der Pfarrkirche von Hörstein. Die Legende dieser Heiligen geht auf die frühe Christianisierung zurück: Eine Königstochter wurde einem heidnischen Prinzen versprochen. Sie aber verlobte sich Christus und bat darum, durch einen Bart entstellt zu werden. Als dies geschah, wurde sie verstoßen und gekreuzigt. Die Heilige mit den männlichen Zügen wurde vor allem von Frauen um Hilfe und Beistand angerufen.

Anna Selbdritt (um 1520) in der Pfarrkirche zu Hörstein.

Burg zu liefern habe, verweigerten sie das. Nach bösem verbalen Zank ließ der Amtmann kurzerhand die Hörsteiner Wortführer durch seine Kriegsknechte ergreifen und »ins Loch setzen«. Man entließ sie erst wieder daraus, als sie sich beugten und dem Frondienst nachkamen ... Die Rückfahrt von Alzenau nach Aschaffenburg führt über Wasserlos – Hörstein. In **Wasserlos,** dessen Weinbau bereits vor über 700 Jahren beurkundet wurde, baut man heute wieder in den beiden Lagen »Schloßberg« und »Luhmännchen« beachtliche Weißweine an. **Hörstein,** ein sehr alter Ort an der Südwestflanke des Hahnenkamms, hat viel vom Charme fränkischer Weindörfer verloren, zu nahe sind die großen Städte mit ihren Einflüssen. Die Pfarrkirche jedoch verdient Beachtung: Der wehrhafte Steinhelmturm von 1450 mit Schießscharten und Zinnen wirkt so steifnackig, wie es einst die Hörsteiner selbst waren. Die Kirche besitzt im von der Vorgängerkirche übernommenen Chor mit hochgotischem Rippengewölbe einen reichgearbeiteten Renaissance-Hochaltar, einen im Pestjahr 1626 gestifteten interessanten St. Bernhardaltar, ferner im Untergeschoß des Turms das Kleinod einer Anna Selbdritt (um 1520) von großartiger Lebensnähe, Peter Dell d. Ä. zugesprochen. Seitlich davon steht eine Holzfigur der heiligen Wilgefortis am Kreuz (1804): Diese selbst für eine Legende auffällige Mädchengestalt mit Bart – auch Heilige Kümmernis genannt – wurde um ihres Kummers und freiwillig angenommenen Leidens willen als Helferin gegen allerlei Kümmernisse verehrt.

Alle Kümmernis aber vergißt man, wenn man sich zu einem Dämmerschoppen niederläßt – ach, daß man ihn nicht im barocken Landhaus der Seligenstädter Äbte trinken kann, das im Rebgarten des Abtsberges selbst liegt, mit freiem Blick hinüber zu den Türmen von Seligenstadt! Die tüchtigen Benediktiner hatten wohl gewußt, warum sie vor über 1000 Jahren schon gerade hier ihre Weingärten anlegten, auf der Sonnenseite des Hahnenkamms, auf den lockeren Zerfallsböden des »Urgesteins«! Sie geben den Trauben vielfältige Aromastoffe mit, ein heiteres Temperament. Ein Hörsteiner »Abtsberg Rieslander Auslese« oder ein vollmundiger »Reuschberg Bacchus Kabinett« können mit ihrer feinen Blume, dem vollen Aroma, dem Weintrinker schon höchstes Entzücken schenken.

Durch das Elsavatal zu Klöstern, Heiligen, Eisenhämmern und zum »Märchenschloß im Spessart« Mespelbrunn

Von Aschaffenburg ausgehend fährt man zunächst mainaufwärts. Die vormals bäuerlich bestimmten Ortschaften zwischen Fluß und Spessartanhöhen, einst eine jede für sich ins Grün von Obstgärten, Felder und Wiesen gebettet, sind mittlerweile weitgehend zu einer lockeren Talbesiedlung mit Vorortcharakter zusammengewachsen. Wenig Originäres ist geblieben, wie etwa in **Sulzbach,** wo noch die Seitentürmchen des einstigen Nordtores, Überrest einer Mauerumfassung, die Fahrstraße flankieren. Die frühere Pfarrkirche, 1788 von dem berühmten Emmanuel d'Herigoyen anstelle einer alten Anna-Kapelle erbaut, von der noch der gotische Turm erhalten blieb, ist ein klassizistisches Bauwerk mit mächtigem Säulenportikus und mutet in dieser fränkischen Dorfgasse recht fremdartig an.
Soden, heute Ortsteil von Sulzbach und nur wenige Kilometer spessarteinwärts am Sulzbach gelegen, hat eine eigene Geschichte: Die hier seit alters bekannten Solquellen, die aus dem Zechsteindolomit durch Klüfte im Buntsandstein heraufsteigen, dienten seit dem hohen Mittelalter der Salzgewinnung, bis das Geschäft im 18. Jahrhundert nicht mehr lohnte. Im späten 19. Jahrhundert entdeckte ein Aschaffenburger Apotheker die Heilwirkung der Sole auf gewisse Haut- und Atemwegserkrankungen und versuchte, einen Badebetrieb aufzubauen, was aber scheiterte. Ein kleiner, rührend romantischer »Kurpark« erinnert heute noch an die vergeblichen Bemühungen. Jetzt

werden die Quellen als Mineralwasser vermarktet. Auf dem »Schloß-berg« über dem Talgrund befindet sich eine der größten Fliehburgen am Untermain mit mächtigen Doppelwällen, Alten- oder Sodenburg genannt. Neuere Forschungen verweisen ihre Anlage ins 9./10. Jahr-hundert, als die Ungarn bei ihren Einfällen ins Reich auch bis ins Maintal vorstießen.

Der-Route mainaufwärts folgend, treffen wir als nächstes auf **Klein-wallstadt:** Das alte Rathaus (1773) mit seinen zwei Erkertürmchen unter putzigen Zwiebelhauben ist sehenswert; es dient heute kultu-rellen Veranstaltungen. Die 1751 erbaute Pfarrkirche, ursprünglich in beschwingtem Rokoko ausgestattet, wurde nicht eben verschönt durch die unsensible Erweiterung Anfang der sechziger Jahre. Ein-drucksvoll ist der erhalten gebliebene Chor mit zwei Seitenaltären und Kanzel aus der alten Kirche.

Elsenfeld, an der Einmündung der Elsava in den Main gelegen, litt früher – ganz auf Sand gebaut, wie seit alters geklagt wurde – unter bitterer Armut. Erst nach dem letzten Krieg brachte die allgemeine Industrialisierung auch hier den deutlichen Aufschwung, zumal auch das am Südrand des Ortes liegende Chemiefaser-Werk von Akzo-Nobel Faser AG., in dem in den fetten siebziger Jahren gut sechstau-send Menschen arbeiteten, für ein sicheres Einkommen der Bevölke-rung bis weit in den Spessart hinein sorgte.

Einen Besuch wert ist in Elsenfeld die alte Dorfkirche St. Gertraud, 1753 in ländlichem Barock erbaut mit einem großartigen Hochaltar aus der Werkstatt des Würzburger Hofbildhauers Johann Peter Wag-ner; auch die mit Schnitzwerk verzierte Kanzel und weitere Heili-genfiguren sind gute Arbeiten, bemerkenswert darunter eine grazile Maria Immaculata von Johann J. Keßler (1750).

Das Elsavatal aufwärts folgt der Doppelort Rück-Schippach, der jetzt zu Elsenfeld gehört. **Rück,** auf der Sonnenseite des Tales gelegen, ist ein uralter Weinort und hat nach einer Neuanlage der Weinberge wie-der einen guten Platz im Kreis der Untermain-Anbaugebiete einge-nommen. **Schippach** dagegen hat nichts Wein-Geistiges zu bieten, dafür aber Geistliches: die weit über das Tal hinausragende Pfarrkir-che St. Pius, ein Hans Schädel-Bau, – und Barbara Weigand, auch die »Seherin von Schippach« genannt. Die Leute im Dorf waren immer arm gewesen, und auch hier führte Armut leicht zu Trunksucht und anderen Lastern. Dies sah die fromme Kleinbauerntochter Barbara mit Sorge. Für sie schien es dagegen nur eine Hilfe zu geben: Die

Die Pfarrkirche St. Pius in Schippach trägt die Handschrift des Diözesan-baumeisters Hans Schädel.

Rückkehr der Entwurzelten zur Kirche, die feste Bindung an das Sakrament der Kommunion. Sie hatte es später, als sie ihrem Bruder in Mainz die Küche in dessen Gastwirtschaft führte, fertiggebracht, über eine von ihr initiierte lose Gemeinschaft, »Liebesbund« genannt, die bis ins Ausland Anhänger hatte, das Geld für den Neubau einer größeren Kirche in Schippach zusammenzutragen. So konnte sie schon 1914 mit dem Bau beginnen. Das Fundament zu einer großen Kuppelrundkirche war gelegt, als der Ausbruch des Ersten Weltkriegs und ein 1915 ausgesprochenes Bauverbot durch die Diözese Würzburg ihr Werk stoppten. Erst gute vierzig Jahre später, kurze Zeit nach ihrem Tode, als die alte Dorfkirche die vielen »Neubürger« in Schippach nicht mehr faßte, erteilte die Diözese die Genehmigung, nun für die neugegründete Pfarrei Rück-Schippach an der alten Stelle eine große Kirche zu bauen.

1956 übernahm Diözesanbaumeister Hans Schädel die Aufgabe, über dem vorhandenen kreisförmigen Sockel einen zeitgemäßen Bau zu erstellen. Er löste den Grundriß in zwei halbkreisförmige Segmente auf, die in teilweiser Überschneidung der Wände einen kleineren, von seitlich einfallendem Licht erhellten Altarraum und einen großen Gemeinderaum bildete. Die hohen, fensterlosen Wände, die nur von der Altarseite her und aus den hohen Fenstern der »Sakramentskapelle« flutendes Licht erhalten, führen den Besucher ganz auf sich selbst und sein innerstes Anliegen zurück – ein ungemein starker Eindruck.

Kloster Himmelthal, dicht oberhalb von Rück-Schippach an der Elsava gelegen, hat eine bewegte Geschichte. 1232 wurde es von Ludwig II. Graf von Rieneck und seiner Gemahlin Adelheid aus dem Hause Henneberg gegründet und war mehr ein politischer Schachzug des Grafen denn fromme Eingebung gewesen. Konnte er sich doch so über das Amt des Klostervogtes, das ihm als Stifter zustand, im Westspessart seinen Einfluß sichern.

Im Kloster lebten Zisterzienserinnen bis zur Reformationszeit. Mitte des 16. Jahrhunderts entleerte es sich weitgehend, zumal es durch die im Markgräflerkrieg 1552 erlittenen Schäden teilweise unbewohnbar geworden war. Als das Haus Erbach, inzwischen zur »neuen Lehr« Luthers übergegangen, in Erbfolge in die Rechte der Grafen Rieneck eingetreten war, wollte es das Kloster aufheben, um dessen Grundbesitz zu kassieren. Das verhinderte der Erzbischof von Mainz, der die geistliche Oberaufsicht innehielt, indem er 1569 eine »Äbtissin« einsetzte, die im sonst leerstehenden Kloster die religiöse Präsenz darstellen mußte. Nach ihrem Tod 1601 zog Mainz sofort Kloster und Ländereien ein und wandelte sie in ein Kameralgut um. 1626 wurde es dann dem sich in Aschaffenburg etablierenden Jesuitenkolleg geschenkt, das es als »Oekonomiestation« zur Versorgung von Kolleg und Gymnasium mit Internat bewirtschaftete. Die Gebäude wurden nach deren gänzlichem Ruin im Dreißigjährigen Krieg nach und nach instandgesetzt, Mitte des 18. Jahrhunderts erfolgte ein völliger Neubau der Kirche in ländlichem Barock (Johann Martin Schmitt, Miltenberg). Wichtigstes Schmuckelement sind Wand- und Deckenfresken mit Szenen aus Heiligenlegenden. Besonders interessant ist die Steinigung des hl. Sebastian (Kirchenpatron) im Deckenfresko, die hier vor dem Hintergrund des minuziös gemalten erneuerten Gebäudekomplexes dargestellt wird (Werkstätten Matthiowitz, Wetzlar, und Jakob Bechtold, Aschaffenburg). Das ungemein belebte Altarbild »Himmelfahrt Mariens« (Anton Matthiowitz) erinnert stark an italienische Vorbilder. Wertvolle Epitaphe aus dem vormaligen Klosterkreuzgang wurden später in Chor und Kirchenschiff malerisch in die Wände eingelassen. Einziges Relikt der Nonnenkirche des hohen Mittelalters

sind zwei stark verwitterte Dämonenfratzen, die nun vor der Westwand der Kirche unter der Orgelempore einen geschützten Platz fanden.

Nach Aufhebung der Gesellschaft Jesu 1773 und Abzug der Patres von
Aschaffenburg kamen Klosterkirche und Gebäude unter verschiedenen Pächtern sehr herunter. 1973/1974 wurde in den gründlich
renovierten Räumen eine vom Staat und dem Internationalen Bund
für Sozialarbeit – Jugendsozialwerk e.V. geförderte Internatsschule
eingerichtet für noch nicht berufsreife Jugendliche, in der sie gezielt
auf das Berufsleben vorbereitet werden.

Es geht nun weiter elsavaaufwärts zum nahen **Eschau-Sommerau,** ein
weiterer Doppelort. Vormals zum Rieneckischen Amt Wildenstein
gehörig, gingen der Ort Eschau und Umland gleichfalls an das Haus
Erbach über, das hier die Reformation unangefochten durchführte.
Der gotische Chor der schlichten Dorfkirche stammt noch von dem
Vorgängerbau (1476); in ihm wurde nach reformierter Tradition über
dem Altartisch die Kanzel angebracht, um darzutun, daß beim Gott-
esdienst Wort und Tisch des Herrn eine Einheit bilden. Am Alten Rathaus in der Hauptstraße, ein bescheidener mittelalterlicher Fachwerkbau, ist an der Frontseite das alte Halseisen des Prangers aufge-
hängt – ein Wahrzeichen früherer Gerichtsbarkeit.

Sommerau und Eschau, heute eine Verwaltungseinheit, sind nur ge-
trennt durch die schmale Elsava – und durch Welten: Sommerau ist
so betont katholisch wie Eschau evangelisch. Das hat jahrhundertelang zu mancher Liebes- und Familientragödie geführt. Mit der jungen
Generation bahnt sich glücklicherweise ein Wandel an.

Direkt an der Elsava liegt, hinter Mauern und Parkbäumen versteckt,
das Schlößchen der vormaligen Herren von Fechenbach. Im Bauernkrieg hatte das alte Wasserschloß starke Beschädigungen erlitten – am
Ende mußten es die Bauern in schwerem Frondienst wieder neu errichten, und die harte Herrschaft bedrückte sie mehr denn je. Nach
mehreren Zwischenbesitzern wurde das Schloß mit wertvollen Re-
naissance-Räumen nunmehr an eine Versicherungsgesellschaft verkauft, die es nach erforderlichen Zusatzbauten als Schulungszentrum
nutzen will.

Eschau-Sommerau bietet sich an als Ausgangspunkt für viele Wanderungen und Rundfahrten. Hinweise geben die in jedem Ort auf-
gestellten Tafeln des Naturparks Spessart. Beispielsweise führt von
Eschau aus ein schöner Fußweg zur romantischen **Ruine Wildenstein,**

Toreinfahrt zum ehemaligen Zisterzienserinnenkloster Himmelthal, das im 17. Jh. von den Aschaffenburger Jesuiten ausgebaut wurde.

Nur noch wenige Grundmauern und ein Bergfried zeugen von der einstigen Rieneck-Burg Wildenstein.

einstiger Sitz der rieneckischen Vögte des Klosters Himmelthal. Die Wirtschaften im dazugehörigen Weiler Wildenstein – mittlerweile ein geruhsamer kleiner Erholungsort – sind bekannt für gute fränkische Hausmannskost.

Schloß Oberaulenbach, über den Weiler Unteraulenbach auf bequemem Talweg zu erreichen, ist ein malerisch gelegenes Renaissance-Schlößchen an der Stelle einer älteren Wasserburg aus dem 14. Jahrhundert der Herren von Kottwitz; jetzt im Besitz der Erben der Freiherren von Mairhofen und – da bewohnt – nicht zu besichtigen.

Die **Geishöhe** (521 m) kann man von mehreren Seiten aus über schöne Waldwege erwandern (Hinweistafeln!), die streckenweise jedoch etwas steil sind. Von oben, besonders vom Ludwig-Keller-Turm aus auf dem Hochplateau, hat man einen herrlichen Rundblick über den ganzen Westspessart, über Maintal und Odenwald bis zum Taunus hin. Ein beliebtes Ausflugslokal bietet Rast und Atzung für müde Wanderer. »Fußkranke« könnten aber auch die Geishöhe per Auto erklimmen über Eschau – Hobbach – Wintersbach, schon am Ausgang des Dammbachtales gelegen. In **Wintersbach** biegt kurz nach der Pfarrkirche rechts die Fahrstraße ab, die sich in kühnen Windungen hinaufzieht nach Oberwintersbach auf der Kuppe der Geishöhe.

Die Pfarrkirche St. Valentin in Wintersbach wäre auch einen kurzen Besuch wert. Der moderne Bau steht an der Stelle der Kapelle des zur Zeit Fürstbischofs Julius Echter von Mespelbrunn von der Familie Echter gegründeten Spitals St. Valentin, zu jener Zeit hoch verehrt als Helfer besonders gegen die Fallsucht. Die spätgotische Statue des Heiligen, eine gute Arbeit (um 1500), jetzt links des Hochaltars an der Wand, stammt noch aus der alten Kapelle, an die eine Wallfahrt gebunden war. Bemerkenswert ist auch das ausdrucksstarke Kruzifix über dem Hauptaltar (Nebenfiguren neuere Zutat), eine der ganz wenigen erhaltenen Arbeiten aus der Schnitzerschule Neuhammer-Wintersbach von Hans Kroth (um 1920). Die bronzenen »Hinkel« (Hühner) am Hauptportal als Türgriffe weisen auf die alte Tradition des Hinkelmarktes hin, der alljährlich am St. Valentinsstag (14. Februar) auf dem Kirchenvorplatz stattfand und -findet und dessen Erlös wohltätigen Zwecken zugeführt wird – heute wie einst.

Doch zurück ins Elsavatal, wo noch kurz vor der Einmündung des Dammbachtales **Hobbach** liegt. Hier steht neben der modernen Pfarrkirche, über der Elsava aus Platzgründen errichtet, ein hübsches Rokoko-Kirchlein (erbaut 1757 von Johann Martin Schmitt, Miltenberg), die Grablege derer von Mairhofen-Oberaulenbach. Am oberen Ortsrand befindet sich der Komplex des Schullandheims Hobbach, wohlbekannt für seine schülergerechten Kurse über ökologische Probleme und für naturnahe Ernährung, gruppiert um das einstige Herrenhaus des vormaligen Eisenhammers Hobbach von Rexroth, womit wir uns dem Spezialthema Eisenhämmer im Spessart annähern, die eng verbunden sind mit dem Familienunternehmen Rexroth. Schon der nächstliegende Rexroth-Eisenhammer war der imponierende Bau in der Straßengabelung Elsava-Dammbachtal, der Neuhammer Wintersbach. Nach dessen Schließung dienten die Gebäude zunächst als Bierbrauerei, zu Anfang dieses Jahrhunderts einige Zeit als Standort der »Spessarter Schnitzschule«, jetzt als Sägewerk. Zwei Kilometer weiter elsavaaufwärts folgt der Komplex des <u>Höllhammers</u>, einstiger Hauptsitz der Rexroth-Dynastie, die sich sogar auf der Waldhöhe darüber einen eigenen Familien-Friedhof leisten konnte, wo drei Rexroth-Generationen unter prachtvollen schmiedeeisernen Grabkreuzen der Ewigkeit entgegenschlummern. In den heute noch stehenden Wohngebäuden, die durch ihr lebhaftes Fachwerk auffallen, sind Privatwohnungen eingerichtet. Auch der Höllhammer ist weitgehend verfallen zur malerischen Kulisse, doch lädt er zu einem kurzen Rückblick auf ein Kapitel Wirtschaftsgeschichte ein.

Rekonstruktionszeichnung der Großschmiede des vormaligen Höllhammers: Ein ausgeklügelter Wasserbau, gespeist von der umgeleiteten Elsava, setzte mittels »Unterwasser« und »Oberwasser« mehrere Mühlräder in Bewegung, die zum einen das Gebläse für die Esse, zum anderen die Schmiedehämmer antrieben (vgl die heutige Ansicht S. 176 unten).

Die Eisenhämmer des Spessarts

Nachdem die Glashütten zu Beginn des 18. Jahrhunderts weitgehend stillgelegt worden waren, regte die Hofkammer von Mainz den Bau von Hammerwerken an. Zwar wurde bereits frühzeitig in

Laufach eine Eisengrube betrieben, zu der Erzbischof Uriel von Gemmingen im Jahr 1512 Anlage und Betrieb einer Schmelzhütte und eines Eisenhammers nebst dazugehöriger Hofstatt bei Laufach genehmigte. Aber erst im 18. Jahrhundert kam die große Zeit der Eisenhämmer im Spessart. Er bot schließlich alles dazu Notwendige: Kräftige Wasserläufe als Antriebskraft der Wasserräder für die Hammermechanik, Holz zum Brennen von Holzkohle zur Befeuerung der Essen – und Arbeitskräfte in beliebiger Anzahl. So entstanden damals Eisenhämmer in Frammersbach, Hobbach, Haßloch (der einzige der heute noch arbeitet), Waldaschaff, Oberaudorf bei Aura, Laufach, Wintersbach und in der Lichtenau, zuletzt in Lohr. Diese Hämmer deckten vorwiegend den örtlichen Bedarf an Grob-, Klein- oder Stabeisen als Werkstoff zur weiteren Verarbeitung in den Schmieden. Einige Hämmer hatten sich auch spezialisiert auf Eisenteile für Handwerksgeräte, Haushaltwaren oder für die Landwirtschaft.

Jeder Hammer ernährte zwischen 10 und 30 festangestellte Arbeiter mit deren Familien. Dazu fanden noch Tagelöhner bei besonderem Arbeitsanfall ihren Verdienst, auch eigene Fuhrknechte, die Holzkohle, Roh- und Alteisen zur Aufarbeitung herbeischafften und fertige Eisenwaren zu den Händlern brachten. Sogar die Köhler mit ihren Helfern, Korbmacher, die für die Kohlentransporte bestimmte Körbe anfertigten, sie alle verdienten an der Arbeit der Eisenhämmer mit. Das änderte sich erst, als die Bayerische Eisenbahn den Spessart zu erschließen begann – die Transporte wurden rascher, aber auch teurer. Die meisten der eng kalkulierenden Eisenhämmer gaben in der zweiten Hälfte des 19. Jahrhunderts auf. Das Schwergewicht der Eisenverarbeitung, jetzt schon in industriellem Ausmaß, verlagerte sich in den verkehrsmäßig wesentlich günstigeren Großraum Aschaffenburg und nach Lohr.

Für die Entwicklung Lohrs zu einem wichtigen Standort der Eisenindustrie ist wieder ein Rexroth verantwortlich. Dies ging freilich zu Lasten der in den Spessarttälern gelegenen Hammerbetriebe:

Höllhammer	1795 erworben	1891 eingestellt
Hammer Hobbach	1802 erworben	
	1830 vergrößert	1871 eingestellt
Neuhammer	1812/1813 neugegründet	1869 eingestellt

Hammer Lichtenau	1826 neugegründet	1871 eingestellt
Hammer Waldaschaff	1840 erworben	1850 verkauft
Unterer Hammer Lohr	1840 erworben;	
Stein'sche Eisengießerei	1850 erworben;	

Die beiden letztgenannten wurden zur Keimzelle des Neuanfangs in Lohr.

Durch kontinuierlichen Zuerwerb weiterer eisenverarbeitender Betriebe und Konzentration der Rexrothschen Unternehmenspolitik auf die »Eisenwerke Lohr« entstand das Stammhaus der heute weltweit operierenden Unternehmensgruppe Mannesmann Rexroth GmbH; in der Sparte Hydraulik ist Rexroth Weltmarktführer.

Aber nicht nur ihre unternehmerischen Fähigkeiten zeichneten die Rexroths aus, sondern auch ihre soziale Einstellung gegenüber ihren Mitarbeitern. So ließ Georg Ludwig Rexroth I im Komplex des Höllhammers das »Knechtshaus« erbauen für seine Arbeiter, ferner eine Schule mit eigens bestalltem Lehrer für die bis zu dreißigköpfige Kinderschar der Arbeiterfamilien. Solche Maßnahmen hatten der Familie Rexroth ebenso wie ihre wirtschaftliche Kapazität im späten 19. Jahrhundert den Titel »die Krupps des Spessarts« eingebracht.

Über Heimbuchenthal, einem typischen, sich lang hinziehenden Spessart-Straßendorf, erreicht man Mespelbrunn-Hessenthal. Der Doppelort hat sich zu einem beliebten Luftkurort gemausert mit Wassertretanlage in den Elsava-Wiesen, mit Hallenbad und Minigolfplatz. Größter Anziehungspunkt ist aber doch **Schloß Mespelbrunn**, das »Märchenschloß im Spessart«. Ein kleiner, von einem vom Wald herabkommenden Bach gespeister See, in dessen stiller Oberfläche sich die Westfront des Wohntraktes mit dem hübschen Treppengiebel spiegelt, die Spitzbogenfenster der Hauskapelle und der Bergfried daneben schenkt ein unzählige Male fotografiertes, als Wahrzeichen des Spessarts geltendes, aber immer wieder bezauberndes Bild aus alten Tagen:

Mespelbrunn, das »Märchenschloß im Spessart« ▷

»Espelborn« hatte einmal die Hofstätte geheißen, die der Mainzer Erzbischof Johann seinem tüchtigen Vizedom und Forstmeister Hamann Echter II. im Jahr 1412 schenkte. Dieser baute gemeinsam mit Sohn Hamann II. das Anwesen um 1430 zu einer Wasserburg mit kräftigem Bergfried aus. Zwischen 1551 und 1569 erhielt sie den schönen Renaissancetrakt, erbaut unter Peter Echter III. – Vater des 1545 hier geborenen Julius, des späteren Bischofs zu Würzburg und Herzogs von Franken. Nach dem Aussterben der Echter im Mannesstamm fiel auf dem Erbwege ihr gesamter Besitz an die Reichsgrafen von Ingelheim. Mit kaiserlicher Genehmigung durften sie sich ab 1698 »Graf von Ingelheim, genannt Echter von Mespelbrunn« nennen. Die Familie bewohnt heute noch das Schloß, so ist nur die Besichtigung der historischen Räume möglich. Die Schloßführung gibt aber einen guten Einblick in die Lebensumstände des Landadels im 16. bis ins 18. Jahrhundert.

Durch den Rittersaal mit interessanter Kassettendecke und einer beachtlichen Sammlung von Rüstungen erreicht man die Burgkapelle im kleinen Nordwestturm mit gotischem Sterngewölbe und großem Altaraufsatz aus Alabaster (um 1611, von Michael Kern, Würzburg). Sehr wertvoll sind die Glasmalereien des Nordfensters (15. Jh.) mit der Darstellung des hl. Valentin – Schutzpatron derer von Echter – und einer innigen Maria aus einer (unvollständigen) Anbetung der Könige. Ein Steinrelief über dem Eingangsportal der Wendeltreppe, die zum Obergeschoß führt, zeigt den Erbauer des »neuen« Schlosses, Peter Echter III. mit seiner Ehefrau Gertrud von Adelsheim. Im Speisesaal des Obergeschosses mit großem Wappenfenster, prächtigem Kamin (1566) und Jagdgemälden ist eine wertvolle Waffensammlung, darunter auch das große Vortrageschwert mit geflammter Klinge, das bei offiziellen Anlässen Fürstbischof Julius Echter vorangetragen worden war als Zeichen der Würde eines Herzogs von Franken. Ahnensaal und Rundzimmer, das Geburtszimmer Julius', über der Kapelle gelegen, bergen Gemälde und Erinnerungsstücke aus Familienbesitz. Den Chinesischen Salon (um 1750) mit kostbarer dunkelroter Ledertapete hatte Graf Anton D. K. von Ingelheim-Mespelbrunn, Chorbischof zu Trier, mit ostasiatischem Mobiliar und Porzellanen ausstatten lassen. Der letzte zu besichtigende Raum, das Fürsten- oder Gastzimmer, besitzt neben Familienportraits eine Sammlung wertvoller Stiche, u. a. die Passionen von Albrecht Dürer. Blickpunkt ist jedoch das große Gastbett mit mächtiger geschnitzter Holzdecke mit Fratzengesichtern, die nicht nur eventuell nahenden »Nachtmahren« Furcht einjagen können!

Führungen: Mitte März bis Mitte November, Mo–Sa 9–12 und 13–17 Uhr, So 9.30–15 Uhr.

Eine Hinweistafel auf Wanderwege (am Ende des oberen Schloßweihers) bietet einige hübsche Rundwanderwege. Ein Weg von insgesamt 9 Kilometer Länge steigt beispielsweise durch den Hochwald des Ingelheimer Grundes an und erreicht die Kammhöhe beim berühmten »Echterspfahl«, der gleich neben der B 8 steht, die hier dem Eselsweg/alter Poststraße folgt. Der Pfahl markiert einen sagenumwobenen Ort im Grenzgebiet zwischen kurmainzischem, echterschem und rieneckisch-Wildensteinischem Wald, wo sich aller Wahrscheinlichkeit nach die Vertreter der drei Herrschaften trafen, wenn Grenzübertretungen zu schlichten waren.

Dieser ursprünglich mit drei Eisenringen versehene Pfahl erinnert an einen mittelalterlichen Brauch der Rechtspflege: Gemäß des Weistums Schippach von 1594 galt bei der Abhaltung von Dorfgerichtstagen folgende Bestimmung: Wurde zur Verhandlung der Schultheiß eines Nachbardorfes hinzugezogen (der hier kein Heimatrecht besaß) war dieser vom Dorfschultheiß »zu begrüßen und in seinem Haus zu atzen« (mit Wecken und Wein), sein Pferd jedoch durfte *nicht* im Stall stehen; es mußte »an einem an der Straße eingeschlagenen Stock (= Pfosten mit Ring) angebunden sein«, wo man ihm ein in der Menge vorgeschriebenes »Weißfutter« (wohl Heu) zu reichen hatte. Ähnlich lautende Vorschriften finden sich auch in den Gerichtsakten anderer Orte des Spessarts.

Dem Echterspfahl gegenüber liegt an der B 8 die beliebte Waldgaststätte »Forsthaus Echterspfahl«. Der Rückweg nach Schloß Mespelbrunn führt bequem und mühelos bergab über »Zeugplatte« und »Martinsberg«.

Hessenthal, höchstgelegener Ort an der Elsava, wurde berühmt durch sein Gnadenbild, eine kleine hölzerne Pieta, die im Rufe der Wundertätigkeit steht. Seit 1293 sind bereits rege Wallfahrten dorthin belegt. Auch heute noch kommen jedes Jahr Pilgerscharen aus dem Umland, besonders zu den hohen Marienfesten. Feierliche Prozessionen mit dem Gnadenbild finden am Oster- und Pfingstmontag, am 15. August und 12. September statt.

Die entrückt in die Ferne schauende Muttergottes (um 1480), eine eher schlichte Arbeit – das Originalbild der wunderbaren Auffindung

ist im Dreißigjährigen Krieg verschollen – hat ihren Platz in der Gnadenkapelle, die der Hauptkirche vorgelagert ist. Diözesanbaumeister Hans Schädel hatte hier die Aufgabe, bei dem Umbau der fünfziger Jahre die gotische Gnadenkapelle und den hochgotischen Chor der älteren Wallfahrtskirche in den neuen Gebäudekomplex einzugliedern. Er hat den hallenartigen Innenraum der Pfarrkirche sehr zurückhaltend gestaltet und unterstreicht damit die Wirkung der ausgestellten Kunstwerke: Ergreifend ist die Ausdruckskraft der überlebensgroßen Kreuzigungsgruppe von Hans Backoffen (um 1519) vor der Schmalwand hinter dem Altartisch. Ein moderner Kreuzweg von dem bekannten Aschaffenburger Maler Siegfried Rischar wirkt mit seiner kühlen Expressivität doch etwas fremdartig als Überleitung von Backoffen zu Tilman Riemenschneider, dessen Beweinungsgruppe (um 1490) zugleich als letzte Station des Kreuzweges gedacht ist. Dieses frühe Werk Riemenschneiders, das ihm von Fachleuten nur zögernd zugesprochen wurde, läßt im Betrachter einige Wünsche offen, sind doch aus einer geschlossenen Beweinungsgruppe im Laufe der Zeit bei Umstellungen mindestens zwei Figuren abhanden gekommen, wodurch das Bild etwas unharmonisch wirkt. Dennoch ist es der Stolz der Hessenthaler.

Sehenswert ist auch die Seitenkapelle, vormals der Chor der hochgotischen Vorgängerkirche, Grablege der Familie Echter von Mespelbrunn. Neben einigen sehr gut gearbeiteten Epitaphien ist das große Grabmal für Peter Echter III. und seine Familie (1582, Meister Erhard Berg aus Hall) raumbeherrschend . Sein Sohn Dietrich Echter hatte das Grabmal für die Eltern und sämtliche Brüder und Schwestern erstellen lassen, einschließlich des berühmten Bruders Julius im Bischofsornat.

Für die Rückfahrt nach Aschaffenburg bietet sich die Route »über die Dörfer« durch die reizvolle Landschaft des Vorspessarts links der Aschaff an.

Am Ortsausgang von Hessenthal auf der B 8, die man hier erreicht, sieht man rechts der Straße einen langgestreckten Gebäudetrakt, das

S. 80 oben links: *Hessenthaler Gnadenbild*

Oben rechts: *Spätgotisches Glasfenster in der Schloßkapelle Mespelbrunn*

Unten: *Schloß Oberaulenbach im Elsavatal*

alte Wirtshaus »Zur Post«. Dies war vormals eine Thurn- und Taxis'-sche Poststation. Leute, die alten Märchen gerne auf den Grund gehen, sehen in diesem Gasthof das von Wilhelm Hauff geschilderte »Wirtshaus im Spessart«.

In **Oberbessenbach** hat man jetzt wieder die alte Pfarrkirche St. Ottilien restauriert, die bis auf das 14. Jahrhundert zurückgeht, ebenso wie eine frühgotische Statue der Patronin, eine wundertätige hl. Ottilie, die bekanntlich für Augenleiden zuständig ist. Auch einen »Ottilien-quell« gibt es – analog zu St. Odile im Elsaß – unterhalb der Kirche, zu der früher viel gewallfahrtet wurde.

Das benachbarte **Grünmorsbach,** bereits ein Vorort von Aschaffenburg, besitzt in der um 1900 erbauten Kirche noch zwei hervorragende Arbeiten von Heinz Schiestl: das große Triumphkreuz unter dem

Chorbogen und ein jetzt an der Außenwand der Kirche angebrachtes Kruzifix.

Schiestl – der Name wird Besuchern von Kirchen im Spessart und am Untermain zwischen Aschaffenburg und Lohr des öfteren begegnen. Heinz Schiestl (1867–1940) stammt aus einer Künstlerfamilie, in der Vater Schiestl sowie drei Söhne im letzten Jahrhundert und bis in die 30er Jahre dieses Jahrhunderts in Mainfranken tätig waren. Heinz Schiestl war Bildhauer, der für zahlreiche Kirchen neben Christus- und Heiligenfiguren immer wieder Kreuzwegstationen schuf. Er pflegte seine Arbeiten in leuchtenden Farben zu fassen, die ihnen etwas ungemein Lebensvolles geben. Seine Figuren fanden vollgültigen Ausdruck fränkisch-inniger Volksfrömmigkeit, ohne je ins Süßliche abzugleiten.

Letzte Station unserer Rundfahrt zu Klöstern, Heiligen und Madonnen ist ein Besuch des Klosters **Schmerlenbach,** vor den Toren Aschaffenburgs in einer offenen Talmulde gelegen.

1218 wurde es als Zisterzienserinnenkloster errichtet, allerdings zogen hier bald Benediktinerinnen ein. Als eines der wenigen Frauenklöster Mainfrankens war es durchgehend von Benediktinerinnen besetzt bis zur Säkularisation im Jahre 1803. Berühmt war es seit alter Zeit für sein Gnadenbild, das »Schmerlebacher Muttergottesje«, eine kleine Pietà (um 1380), deren schmerzdurchdrungenes Antlitz von dicken Tränen überströmt ist und das immer noch in der Bevölkerung liebevolle Verehrung genießt. Kein Gnadenbild, aber herzbewegend anmutig ist eine etwa ein Meter hohe tönerne »Schöne Madonna« des Weichen Stils (rheinisch, um 1400), die den mit der Weltkugel spielenden Jesusknaben auf dem Arm hält (an der Wand des Kirchenschiffs). Der Kirchenraum, im späten 18. Jahrhundert im heiteren Rokostil renoviert, hat eine vorzügliche Akustik, die zu Konzertveranstaltungen anregt. Nach neuerlicher gründlicher Restaurierung bzw. Umbauten des gesamten Klosterkomplexes entstand hier das »Bildungs- und Exerzitienzentrum Schmerlenbach« der Diözese Würzburg. Seit den sechziger Jahren finden hier laufend Kurse und Wochenendtagungen statt. Auch die sehr alte Wallfahrt zum Gnadenbild, jetzt von Aschaffenburger Pallottinern betreut, wurde wiederbelebt in Form einer gern angenommenen jährlichen Sternwallfahrt aus den umliegenden Gemeinden.

Furniereichen liegen zur Versteigerung bereit.

Spessart-Eichen

Die Eiche gilt als Wahrzeichen des Spessarts, wächst sie hier doch zu besonderer Qualität heran. Ihr widerstandsfähiges Holz fand seit je vielfältige Verwendung. Waren ihre Bestände schon durch den Wiederaufbau des Aschaffenburger Schlosses (1605–1614) dezimiert worden, so tat die schwedische Armeeverwaltung, die sich von Ende 1631 bis Januar 1634 in Aschaffenburg festgesetzt hatte, ein übriges, indem sie 1633 den Spessartgemeinden befahl, als Kriegskontribution u. a. die nutzbaren Eichen einzuschlagen. Nicht alle dürften gefallen sein – tatsächlich aber stehen heute die größten Eichenbestände im Alter von 300 bis 400 Jahren. Sie wachsen auf den Höhen um Rohrbrunn und in hochgelegenen Revieren der Forstämter Rothenbuch und Altenbuch und liefern die Stämme, die bei den jährlich stattfindenden Furnierholzversteigerungen in Würzburg mit die höchsten Preise erzielen.

Das wertvollste Teilstück einer Eiche ist der »Erdstamm«, der unterste, in seinem ebenmäßigen Wuchs noch von keinem Astansatz unterbrochene Teil. Die beiden oberen Abschnitte, Zweit- und Drittstück genannt, bringen, von geringerem Durchmesser und nicht »astrein«, weniger Ertrag. Der Erdstamm muß geradschäftig und in gleichmäßig feinen Jahresringen gewachsen sein, das Holz von mild-heller Farbe. Die Einkäufer der Furnierwerke haben dafür ein sehr scharfes Auge. Höchste Qualität kann aber auch erstaunliche Preise erzielen. So erreichte beispielsweise um 1989 eine Eiche aus dem Rohrbrunner Staatsforst für 1 (einen!) Festmeter vom Erdstamm 16 390 DM. Für den ganzen Stamm dieser einen Furniereiche wurden 66 442 DM ersteigert . Den bisher erzielten Höchstpreis errang 1981 das Forstamt Altenbuch mit DM 71 139 DM für einen Stamm. Jene Eiche aber, die solchen Jahresspitzenpreis erbringt, trägt den Ehrennamen »Braut des Spessarts 19..« Sie wird immer im besten Alter stehen, so um die 350 Jahre – die Forstleute lieben ihre vollholzig gewachsenen »Bräute« ohne Fehl und Tadel! Freilich, solche Spitzenpreise geraten immer mehr unter den Druck des stark auf den Markt drängenden ausländischen Holzangebots.

Bestände fast reinen Eichenwalds kann man bei Rohrbrunn sehen. Zwei Wanderparkplätze mit bezeichneten Wanderwegen erschließen ihren Zugang. Sie liegen an der B 8, rechts und links der Brücke, die unmittelbar südlich der Raststätte Rohrbrunn die Autobahn überquert.

Vom Parkplatz Rohrberg II (östlich der Brücke) führt ein Waldlehrpfad als Rundweg fast eben in etwa einer Stunde durch das NSG Rohrberg und einen Bestand wertvollster Eichen. Hier, zu Füßen des Geiersberges – mit 586 Metern die höchste Erhebung des Spessarts, die umgebenden Kuppen allerdings nur mit seinen Sendemasten deutlich überragend – stehen sie, geradwüchsig, mit weit oben ansetzenden Verzweigungen, dem Ehrentitel »Braut des Spessarts« entgegenwachsend – vorausgesetzt, die meßbar zunehmende Schädigung des Waldbodens und der Luft läßt ihnen noch die Zeit zur Reife. Die Forstleute bangen um ihre Eichen ...

Wer gut zu Fuß ist und etwas weiter wandern möchte, der kann, wo der Waldlehrpfad scharf links abknickend durch das NSG zurückführt, dem bis hierher gleichlaufenden Wanderweg (rotes

Haseltalbrücke bei Rohrbrunn

Kreuz) weiter entlang des Steilhanges folgen, bis der Weg bald danach in einer Gabelung hart rechts abbiegend steil hinunterführt zu Haselquelle und Haselgrund, den hier die Haseltalbrücke überquert. Sie ist mit ihrer Länge von 720 Metern eine der gewaltigsten Autobahnbrücken überhaupt, und mächtige Rundpfeiler heben die leicht gekurvte Betonwanne für die Fahrbahnen sehr elegant in 68 Meter Höhe – ein faszinierendes Bild. Hier zeigen sich Technik und Landschaft versöhnt.

Das dicht beim Parkplatz Rohrberg I vom Waldrand herüberlugende hübsche Jagdschlößchen Diana, unter Prinzregent Luitpold 1889 für Hofjagden auf die »Schwarzkittel« erbaut, ist der Öffentlichkeit nicht zugänglich. Aber nicht weit davon entfernt steht die sagenumwobene Tausendjährige Eiche von Rohrbrunn. Man kann dem neben dem Forstamt Rohrbrunn abzweigenden Eselsweg parallel zur B 8 folgen (knapp 10 Minuten), bis er oberhalb der Fahrstraße nach Obernburg ein großes Holzkreuz mit Ruhebank am Weg erreicht – oder man fährt mit dem Wagen die von der B 8 abzweigende Straße nach Obernburg, bis sie (nach etwa 200 m) in der ersten Rechtskurve den Eselsweg kreuzt. Rechts der Straße ist ein Waldparkplatz. Man schlägt nun den links der Straße zum Holzkreuz ansteigenden Eselsweg ein; noch vor dem Kreuz geht rechts ein breiter geschotterter Weg ab. Man folgt ihm (ca. 5 Min.), bis links ein Fußpfad in den Hochwald abbiegt (Hinweistafel: Zur Eiche). Er führt direkt auf den Baum zu. Nach etwa weiteren fünf Minuten steht man vor dem gewaltigen, schon fast astlosen Stamm. Dieser Torso einer Eiche inmitten der grünenden Umgebung ist beeindruckend, auch wenn die Forstleute ihr nicht mehr als 800 Jahre zubilligen – ein Symbol der Standhaftigkeit.

*Die Tausendjährige
Eiche von Rohrbrunn*

2. Bad Orb und der Nordspessart

Bad Orb – die Stadt der Salzquellen

Wer sich diesem »Spessarttor« aus dem Raum Frankfurt oder Aschaffenburg nähert, durchfährt ein Stück weit das Kinzigtal auf der alten Handelsstraße nach Leipzig, die heute im Gedenken an die hier aufgewachsenen Brüder Grimm den schönen Namen »Deutsche Märchenstraße« trägt. Bad Orb liegt nur wenige Kilometer davon ab in einem Seitental, das hinaufführt zu den Spessarthöhen.
Die Geschichte Orbs dürfte mit dem Bekanntwerden seiner Salzquellen beginnen. Auffallend viele Hügel mit dem Namen »Altenburg« und keltischen Ringwällen am Ausgang vom Orbtal – und dem benachbarten Biebergrund deuten auf frühe Nutzung der Gaben der Natur. Nicht von ungefähr geht es um die Salzquellen auch schon in der frühesten urkundlichen Nennung Orbs: Im Jahr 1064 schenkte Kaiser Heinrich IV. Ort, Burg und Salzbrunnen dem Erzstift Mainz.
Anfänglich hatte man in mehreren Sudhäusern in Eigenregie der Bürger Salz gesotten. Die kleine Stadt blühte mit dem Salzhandel auf, bis

1309 das Erzstift Mainz unter der Aufsicht eines Amtskellers, »Salzgraf« genannt, das Geschäft mit dem Salz in die Hand nahm und die Sudbetriebe vergrößerte.

Zur Salzgewinnung mußte die Sole in großen flachen Pfannen erhitzt werden bis das Wasser abgedampft und das Salz auskristallisiert war. Tag und Nacht brannten die Feuer unter den Pfannen – der Holzverbrauch war enorm. Die einstigen Wälder auf den Bergen rund um Orb bestanden bald nur noch als »Stockschlagbetriebe«, das heißt, die aus den Stümpfen längst gefällter Bäume nachwachsenden Schößlinge wurden als Knüppelholz verwendet. So hatten sich die stadteigenen Wälder in unübersichtliche gestrüppartige Niederwaldungen oder »Reisigberge« verwandelt – nicht umsonst trug der östlich von Orb den Eselsweg begleitende Höhenzug schon im Mittelalter den Namen »Orber Reisig«. Um zwecks Holzeinsparung die Sudzeiten zu verkürzen, ließ man die Sole schon vor dem Sieden etwas eindunsten und errichtete seit dem 17. Jahrhundert die Gradierwerke, Kennzeichen jeder Saline: Hohe Holzrahmen, zugesetzt mit Reisigbündeln, über die hochgepumpte Sole langsam heruntersickerte und dabei von dem ursprünglichen Salzgehalt von 4 % bis zur Konzentration auf 20 % gebracht werden kann. Der Orber Salzhandel wurde vom 15. bis zum 18. Jahrhundert ein florierendes Geschäft. 1782 gab es bereits elf Gradierwerke; bis an die zweitausend Tonnen Salz wurden jährlich verkauft.

Aber das inzwischen andernorts bergmännisch in großen Mengen gewonnene Salz verdarb den Orbern die Geschäfte, und im 19. Jahrhundert setzte der Niedergang der Stadt ein. 1836 hatte Orb rund 4000 Einwohner, von denen zwei Drittel praktisch ohne Einkommen waren. Ein junger Apotheker, Franz Leopold Koch, sah die Verelendung der Bürger und dachte an die reich gewordenen Badeorte Kissingen, Wiesbaden und andere. Warum nicht auch Orb? 1837 begann er, mit behördlicher Genehmigung einen Badebetrieb aufzuziehen: Er ließ in der Stadt ein Badehaus mit acht Kabinen für die Wannenbäder und einige Fremdenzimmer errichten. Ein Anfang war gemacht – aber es mangelte ihm an Unterstützung durch die Stadt, wohl auch an eigener praktischer Erfahrung. Der Badebetrieb lief nicht recht an, und Koch zog sich wieder aus dem Geschäft zurück. Erst 1899 nahmen sich einige erfahrene und kapitalkräftige Geschäftsleute aus Frankfurt der Sache an. Sie witterten hier eine Chance, denn Quellen-Analysen zeigten, daß die drei Solquellen in etwas unterschiedlicher

Eine der alten Salinen ist noch heute im Kurpark von Bad Orb in Betrieb.

chemischer Zusammensetzung deutliche Heilfaktoren besaßen für Herz-, Kreislauf- und rheumatische Erkrankungen. Nun stieg auch die Stadt mit ein und sorgte für die Schaffung großzügiger Kureinrichtungen mit Kurpark und -hotel. Einzig noch ein Gradierwerk aus dem Jahr 1806 ließ man stehen, teils als nostalgischer Blickpunkt im Park, teils als Freiluft-Inhalatorium. Von da an ging's bergauf. Bad Orb ist heute ein vielbesuchter Kurort, der nicht nur durch seine schöne Lage am Fuße des Spessarts lockt, umgeben von – mittlerweile wieder – prachtvollen Wäldern, sondern der sich auch durch sein unverdorbenes Bild einer kleinen Stadt mit alter Vergangenheit bei gepflegter Gastronomie ein ganz besonderes Flair erhalten hat.

Eine historische Pikanterie sei noch erwähnt: Daß das bereits seit 1064 kurmainzische Orb 1814 mit den anderen Spessartgebieten ans Königreich Bayern fiel, war naheliegend. Daß das Amt Orb jedoch

90

1867, nach dem verlorenen »Bruderkrieg« von 1866, in dem Bayern gegen Preußen mitkämpfte, als »Kriegsbeute« abgetreten werden mußte und der preußischen Provinz Hessen-Nassau einverleibt wurde, hat die Orber sicher nicht gekränkt – mit den Bayern hatten sie sich überhaupt nicht verstanden, es war 1849 sogar zu bewaffnetem Aufstand der Bürger gegen die »feindlichen Besatzungstruppen« gekommen. Aber auch die Verbindung zu Preußen war nicht von Dauer: 1945 wurde von den Alliierten mit der Auflösung des Staates Preußen die Provinz Hessen-Nassau dem neugebildeten »Land Hessen« zugeschlagen. Seitdem sind die Orber »Hessen«, und sie sind es offenbar gern.

In der Seiten-kapelle der Bad Orber Martins-kirche haben einige gotische Fresken, wie dieses Bild der hl. Elisabeth, den großen Brand von 1983 überdauert.

Sehenswert sind in Orb neben dem Kurpark, als offener Landschaftspark im Orbgrund gestaltet, die Reste der Stadtmauer mit Türmchen (13. Jh.) am Quellenring, sowie das mächtige »Obertor« auf der Bergseite. Nicht weit entfernt davon, an der Nordwestecke der Stadt, stand einmal die Burg der Mainzer »Salzgrafen«. Die Burgkapelle wurde 1350 zur Stadtpfarrkirche erweitert zu einer dreischiffigen gotischen Hallenkirche. Nach einer Barockisierung um 1700 erfolgte in den 30er Jahren unseres Jahrhunderts eine Regotisierung. Dabei wurden wertvolle Wandfresken aus Alt-St.Martin zutage gefördert (in der heutigen Seitenkapelle Zur Ewigen Anbetung). In den 70er Jahren führte Diözesanbaumeister Hans Schädel eine erneute Erweiterung des Kirchenraumes um zwei zusätzliche Seitenschiffe durch. Dann kam die Christnacht 1983: Alles ging in Flammen auf. Unter nie geklärten Umständen brannte die Kirche bis auf die Grundmauern nieder und mit ihr auch das kostbare »Orber Altarbild« (um 1440), Mittelteil eines ursprünglich dreiflügeligen Altares, eine ekstatische Kreuzigungsszene, gemalt von dem anonymen »Meister der Darmstädter Passion«. Da die beiden Seitenflügel schon seit langem in Berlin hängen in der Gemäldesammlung Stiftung Preußischer Kulturbesitz, konnte man an ihnen jetzt Farbgebung und Maltechnik des Meisters studieren – denn die Orber gaben nicht auf: Sie bauten in wenigen Jahren ihre Martinskirche wieder getreu der Schädel-Baupläne auf. An einem Teil des Mauerwerks der Sakramentskapelle konnte man sogar noch die gotischen Fresken retten, und heute ziert das sehr gut nach Fotografien kopierte »Orber Altarbild« den linken Seitenaltar. Sogar ein spätgotisches Kruzifix (um 1500), das man einst weggegeben hatte, ist zurückgekehrt und der Komposition des neuen Hochaltars eingefügt worden – die Orber fühlen sich wieder heimisch in ihrer harmonischen Martinskirche. Baulich verbunden mit der Kirche sind die im alten Burgkomplex errichteten Gebäude des Stadtmuseums, der Bibliothek und das Haus des Gastes.

Seite 93 oben: *In Bad Orb weisen schmucke Fachwerkhäuser auf den einstigen Wohlstand der Salzsiederstadt.*

Unten links: *Steinau an der Straße wird beherrscht vom Schloß der Grafen von Hanau.*

Unten rechts: *Die alte Burg der einstigen »Herren von Jazza« in Burgjoß.*

Öffnungszeiten des Museums: Mo–Fr 9.00–11.45 Uhr, 15.15–18.00 Uhr. Sa. 9.00–11.00 Uhr. 1. bis 4. So: 10.00–12.00 Uhr.

Gleich unterhalb des Burg- und Kirchenhügels befindet sich der Kern der Altstadt mit ganzen Straßenzügen individueller Fachwerkhäuser, die den Betrachter immer wieder mit neuen malerischen Winkeln überraschen.

Die abwechslungsreiche Umgebung Orbs bietet sich an für Wanderungen, Rundfahrten oder Ausflüge zu kunst- und kulturhistorisch interessanten Orten.

Die Kurverwaltung von Bad Orb macht es den Gästen der Stadt leicht, die reizvolle Umgebung kennenzulernen: Sie bietet in Zusammenarbeit mit dem Spessart- und dem Vogelschutzbund im Sommerhalbjahr geführte Wanderungen unterschiedlicher Art und Länge durch. Für die engere Umgebung hat die Kurverwaltung eine Reihe von Wegen zusammengestellt, die sie in Form von Faltblättern den Gästen im Verkehrsamt vorlegt, u. a. einen Stadtplan mit eingezeichneten Bushaltestellen, da eine Reihe der Höhenwege bequem mit Stadtbussen angefahren werden kann. Gleichfalls ist beim Verkehrsbüro eine Wanderkarte erhältlich, die alle ausgeschilderten Wanderwege, auch solche von den Wanderparkplätzen im Wald oben, darstellt. Neben den bereits bekannten Wegetafeln, aufgestellt an Wanderparkplätzen vom Verein »Naturpark Spessart«, hat dieser auch an geeigneten Stellen informative Naturlehrpfade eingerichtet. Für ausgesprochen naturkundlich Interessierte bietet die J. H. Cassebeer-Gesellschaft e. V. in Zusammenarbeit mit der Außenstelle Lochmühle des Forschungsinstituts Senckenberg in Biebergemünd (Tel. 0 60 50/16 51) wissenschaftlich geführte Exkursionen und Vortragsveranstaltungen an sowie Auskünfte auf Fragen zur Geologie.

Daß die Kurverwaltung Bad Orb darüber hinaus für ein reiches Programm an Konzerten und anderen bunten Veranstaltungen quasi im eigenen Hause sorgt, braucht nicht extra betont zu werden.

Wo einst der Landesherr das Silber für seine Dukaten holte:
Der Biebergrund

Was dem Talgrund der Orb Salz, »das weiße Gold«, bedeutete, das waren im benachbarten Biebergrund die Erze: Silber, Kupfer, Kobalt, Brauneisen und andere. Beiden Tälern – sie sind nur durch einen Höhenrücken voneinander geschieden –, wurden die Bodenschätze beschert von dem hier unter dem Buntsandstein abtauchenden Zechstein, den Ablagerungen einstiger seichter Meeresbuchten, die in ihrem Bodensatz auch Salz- und Metallsedimente enthielten.
Der Bieberbach hatte den Buntsandstein bis auf den Untergrund des Zechsteins, örtlich sogar noch tiefer bis auf den Gneisgrund abgetragen. Dadurch wurden Gesteine freigelegt, die durch bunten Glanz oder Verfärbungen schon den kundigen Kelten einen Metallgehalt angezeigt hatten. Urkundlich belegt ist der Bergbau im Biebergrund freilich erst seit 1494 – aber was besagt das schon!
Dabei war die Arbeit im Berg immer unvorstellbar schwer, vor allem in den Erzgängen des Kupferlettens: Die Flöze hatten teilweise nur eine Mächtigkeit von 40–60 Zentimetern, entsprechend eng waren die Stollen. Deshalb ließ man hier schmächtige Halbwüchsige von 14 bis 16 Jahren nach dem Erz graben – eine wahre Sklavenarbeit! Die harten Arbeitsbedingungen offenbart eine Arbeitsordnung von 1787 für die landgräflich Hessen-Kasseler Bergwerke zu Bieber: Arbeitsbeginn war früh um 4 Uhr mit einer Gebetsandacht, deren Versäumung mit Lohnabzug bestraft wurde. Eine Schicht dauerte acht Stunden; es durfte einmal zwischendurch mitgebrachtes Brot verzehrt werden.
Zur Arbeit »zieht sich der Bergmann bis auf die Beinkleider nackend aus, legt sich auf zwei Bretter, deren eines er an die Hüfte anschnallt, das andere dagegen frei unter der Schulter hat. An das Bein schnallt er

In den engen Stollen der Kupfergruben von Bieber quälten sich einst Halbwüchsige mit ihrem »Hund« durch Dunkel und Kälte des Berges.

95

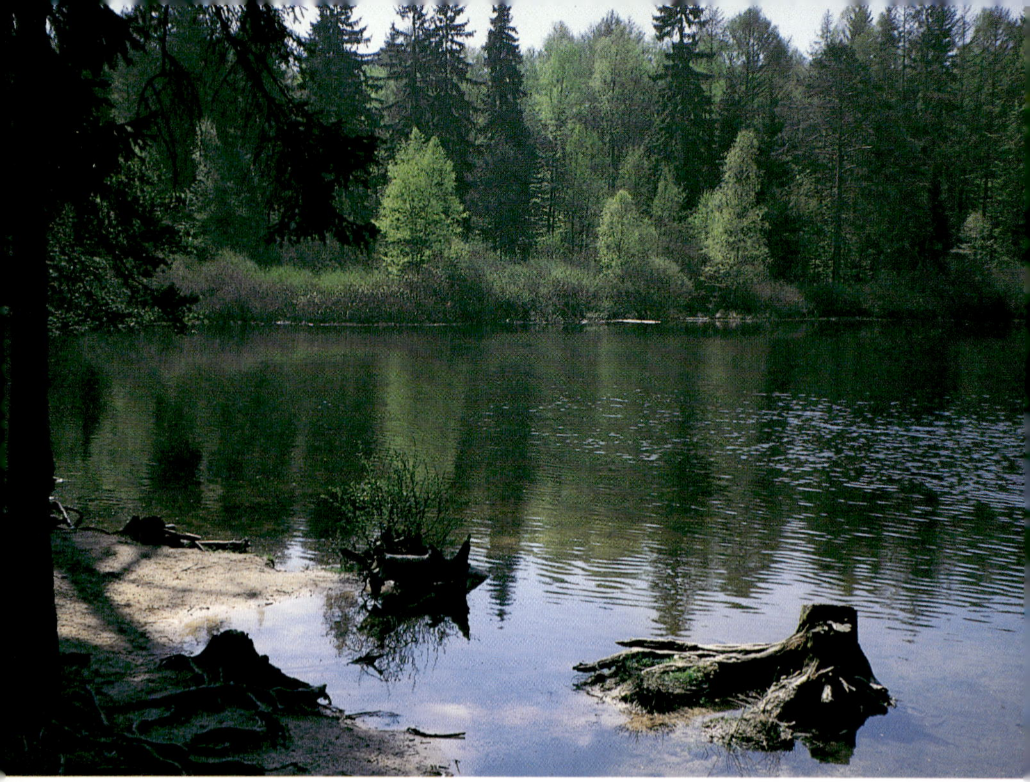

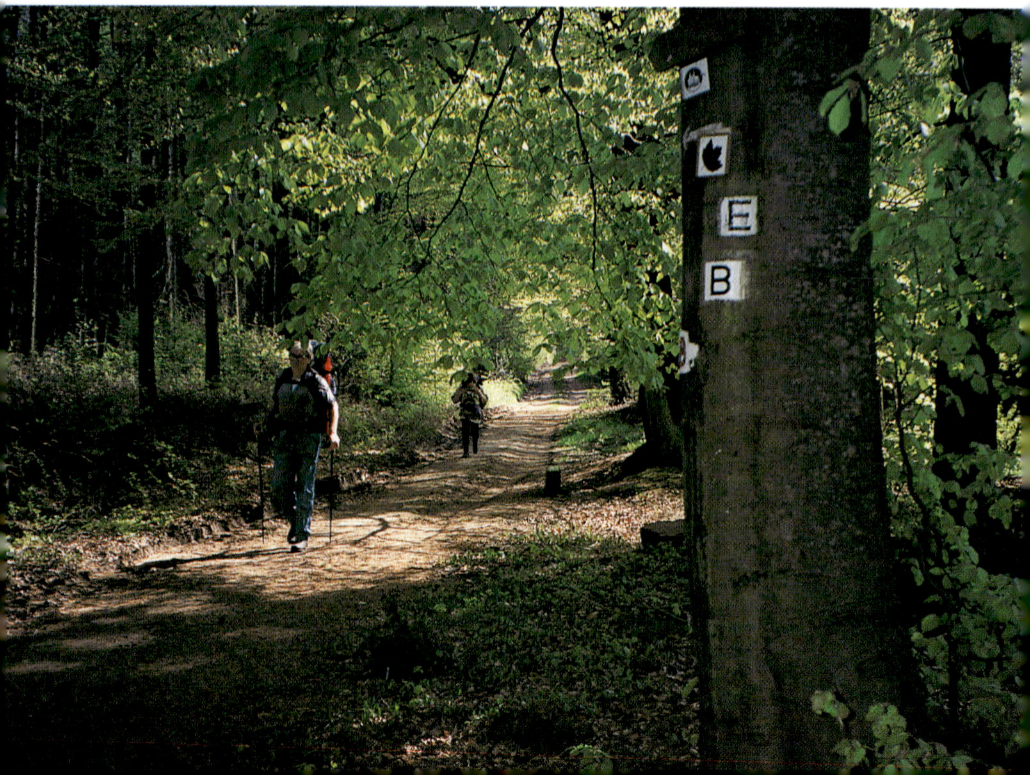
E
B

einen 1,20 Meter langen und 10 Zentimeter hohen Kasten, so mit vier niedrigen Rädern versehen ist und ›Hund‹ heißt. Sein Grubenlicht setzt er vor sich auf die Erde, das Arbeitszeug in den Hund und so fährt er mit beständigem Zusammenziehen und Ausdehnen seines Körpers auf eine äußerst beschwerliche Art, zumal wenn seine Fahrt weit, naß und niedrig ist, an seine Arbeit ...«

Der Arbeitslohn betrug für solche Schinderei je Schicht zwischen 8 und 20 Kreuzern. Man vergleiche: Ende des 18. Jahrhunderts kostete ein Laib Brot (6 Pfund) 15 Kreuzer, ein Pfund gutes Ochsenfleisch 9 Kreuzer, ein Maß (2 Ltr.) Wein 5 Kreuzer.

In der Zeit der intensivsten Förderung im Bieberer Bergbau zwischen 1740 und 1790 wurden im Jahresdurchschnitt gewonnen: Brauneisen 2000–3000 Zentner, Kupfer 400–500 Zentner, Kobalterze 400–500 Zentner, Blei 200–300 Zentner, Silber 2,8–4,6 Zentner (1 Zentner = 50 kg).

1806 wurde der Abbau von Silber-, Kupfer- und Bleierzen endgültig eingestellt, die Kobalt- und Nickelförderung 1867, lediglich Brauneisenerz wurde bis 1925 – zuletzt durch Krupp – gefördert und verhüttet.

Nach dem Aussterben der Vorbesitzer, der Grafen von Hanau, fielen 1737 die gesamten Bieberer Gruben an die Landgrafen von Hessen-Kassel. Diese ließen sich ihre eigenen Silbertaler und Halbtaler aus dem Bieberer Silber prägen; es sollen zwischen 1754 und 1802 grobgeschätzt etwa 45 000 Silbermünzen gewesen sein. 1 Taler entsprach damals 120 Kreuzern – man bedenke nun den Lohn eines Bergknappen! Und zur Mühsal kam der Spott: »Krummhälser« hieß man sie allgemein, da die ständig verschobene Haltung zu Verwachsungen im Schulterbereich führte.

Bieber heute: Ein sauberer Wohnort, hübsch gelegen in einem freundlich-grünen Tal. Nichts erinnert mehr an den einstigen Bergbau – nicht einmal ein Heimatmuseum. Vielleicht noch der Name einer Wirtschaft: »Zur alten Schmelze« ...

S. 96 oben: *Der Wiesbüttsee ist ein Relikt des Erzbergbaus von Bieber.*
Unten: *Auf dem Höhenkamm zwischen Dr. Kihn-Platz und Wiesbüttsee treffen die alten Fernstraßen und heutigen Wanderwege »Birkenhainer Straße« und »Eselsweg« zusammen.*

Dafür gibt es aber vier Kirchen: Die katholische Pfarrkirche in der Ortsmitte (neuromanisch, Mitte 19. Jh., mit bemerkenswerter Kanzel des 18. Jh.), ferner die evangelische Pfarrkirche nahebei, ursprünglich 1769 als reformierte Kirche für hugenottische Bergleute erbaut, sowie die evangelische Friedhofskapelle über dem Ort inmitten des ummauerten Kirchhofs gelegen. Sie stammt im ältesten Teil, dem kräftigen Turm, der noch romanische Elemente zeigt, aus dem 12. Jahrhundert; der Kirchenraum wurde nach Zerstörungen im 17. und 18. Jahrhundert weitgehend verändert. Hoch über Bieber, auf dem Bergrücken zwischen einstigen Gruben von Röhrig und im Lochborngrund, steht einsam die Burgberg- oder St. Mauritiuskapelle, ein kräftiger Bau aus dem 14. Jahrhundert, der hundert Jahre später um den Chor mit schönen hochgotischen Fenstern erweitert wurde. Den Innenraum hat man später barockisiert; sehenswert ist die Madonna mit segnendem Kind über dem Hochaltar in blühendem Barock, sowie die Figuren der beiden Patrone St. Mauritius und St. Bonifatius auf ihren Seitenaltären. Da die Kirche verschlossen ist, müssen Besucher sich den Schlüssel in Bieber unten besorgen, man fragt am besten im Pfarrhaus nach. Anmarsch oder Anfahrt: Am Ortsrand geht von der Straße nach Wiesen ein Fahrweg links ab in Richtung »Spessart-Sanatorium«. Man folgt diesem Weg, bis ziemlich weit oben scharf links ein Weg abbiegt mit Hinweistafel »Zur Burgbergkirche«.

Wenn schon kein Heimatmuseum über den Bergbau, so hat doch das Hessische Forstamt Biebergemünd in Bieber, im früheren Amtsgerichtsgebäude, ein interessantes »Waldmuseum« eingerichtet, das viel Wissenswertes über Hölzer und Forstwirtschaft darstellt.

Geöffnet: Mi 9–12 Uhr (nicht feiertags). Gruppenführungen nach Anmeldung (Tel. 06050-/1201).

Bieber ist vom nahegelegenen Bad Orb mit öffentlichen Verkehrsmitteln leicht zu erreichen. Wer gut zu Fuß ist, findet einen schönen Wanderweg durch Hochwald, der in etwa zweieinhalb Stunden nach Bieber führt, vorbei am »Jägerskreuz«, einem Marterbild für einen 1727 an dieser Stelle von einem Wilderer erschossenen herrschaftlichen Jäger.

Man kann aber auch den Besuch des Biebergrundes mit einer abwechslungsreichen Fahrt über die Spessarthöhen verbinden über Villbach, dann Richtung Wiesen weiter bis zum Wiesbüttsee (Parkplätze beachten!)

Der **Wiesbüttsee,** schon oberhalb von Bieber gelegen, ist das letzte der vormaligen Wasserreservoirs der Bieberer Bergwerke. Er ist nicht groß, liegt aber sehr stimmungsvoll und friedlich inmitten des Hochwaldes – außer an Sonntagen oder in den Schulferien, dann ist der Friede dahin. Etwa zehn Gehminuten (Wanderweg, Zeichen blaue Libelle) vom See entfernt liegt das Wiesbüttmoor, ein Hochmoor in einer natürlichen Geländesenke mit einer ganz ausgeprägten Pflanzengesellschaft. Es steht unter Naturschutz und ist nicht zu begehen, aber der umrundende Wanderweg bietet von einem in das Moor vorspringenden Steg (Erläuterungstafel!) einen interessanten Blick auf diese für den Hochspessart einzigartige Landschaftsform.

Beim Waldgasthaus »Wiesbüttsee« führt rechts die Straße steil hinunter nach Bieber; sie folgt dem Lochborngrund, in dem vormals Kobalterze, bis 1925 noch Brauneisen, abgebaut wurden.

Das »Bergwinkelländchen« mit Steinau an der Straße und Schlüchtern

Ins Bergwinkelländchen bringt uns am schnellsten die Deutsche Märchenstraße (B 40). Auf halbem Wege streifen wir den reizvollen Doppelort **Bad Soden-Salmünster,** der im Kinzigtal unmittelbar vor der Grenzlinie des Naturparks Spessart liegt und die gleichen Heilanzeigen wie Bad Orb aufweist. Nach wenigen Kilometern erreichen wir dann **Steinau an der Straße.**

Dort wird man schon seit alters die phantasievollsten Geschichten gehört haben von reisenden Kaufleuten, die auf dem Weg nach Leipzig, Prag oder Krakau hier Rast machten. Die Brüder Jacob und Wilhelm Grimm, die einige Jugendjahre mit ihrer Familie im stattlichen Amtshaus (von 1562) lebten, als ihr Vater 1791 bis 1793 in Steinau Amtmann war, mochten den Erzählungen staunend gelauscht haben. Auch Ausflüge in die grünen Verzauberungen der nahen Spessartwälder und alte Spinnstubengeschichten, von den Mägden erzählt, begeisterten die Brüder – so wird gesagt. Im Amtshaus erinnert eine kleine Gedenkstätte an diese Zeit.

Steinau wäre aber auch ohne das »Märchenstadt-Image« einen Besuch wert. Die weitgehend noch vorhandene Stadtmauer umschließt winkelige Gäßchen und malerische Fachwerkhäuser, eine doppelschiffige gotische Katharinenkirche, die heute als stimmungsvoller Konzertraum genutzt wird, ein stattliches Rathaus von 1561 gleich daneben, dessen Frontseite sich mit (modernen) Bronzeplastiken von Steinauer Handwerkertypen schmückt; Krönung des Stadtbildes aber ist das Schloß der Grafen von Hanau mit seiner wuchtigen Mauer, mit Tortürmen und Bergfried, der weite Blicke bietet auf die belebte Landstraße, über Wiesen, Obstgärten und ferne Kirchturmspitzen – und die grünen Wälder. Ein wahrer Märchenort. Sogar eine »Teufelshöhle« gehört zur Kulisse, die einzige Tropfsteinhöhle Hessens, etwa drei Kilometer entfernt in Fahrtrichtung Freiensteinau zu finden.

Geöffnet: Ostern bis Oktober (nur mit Führung zu begehen!), Sa 13.00–18.00 Uhr, So/Feiertags 9.00–18.00 Uhr, weitere Auskünfte dazu: Städtisches Verkehrsamt (Tel. 0 66 63/63 36).

Als Kern der Stadt wird für etwa 800 ein Hofgut des Klosters Fulda angenommen. Der Bau einer ersten festen Burg Steinau mit Burgmannensiedlung wird den Grafen Rieneck zugeschrieben, die im 12. Jahrhundert zeitweise auch als Schutzvögte der Reichsabtei Fulda fungierten und sich hier festgesetzt hatten. Seit der Verlobung einer Rieneck-Tochter mit Ulrich I., Graf von Hanau im Jahr 1272 waren Burg und Ort Steinau wohl als »Brautgabe« in hanauischen Besitz gekommen und blieben es, bis nach dem Tod des letzten Grafen Hanau große Teile seines Besitzes 1737 an Hessen-Kassel gelangten. Das Stadtrecht hatte Steinau schon 1290 erhalten.

Das heutige Schloß wurde in mehreren Etappen im 16. Jahrhundert vollendet und bietet ein selten einheitliches Bild einer noch in spätmittelalterlichem Wehrdenken errichteten Burg, die in den Innenräumen doch schon die Wohnkultur der Renaissance aufweist. Mittelalterlich mutet nur noch die große Hofstube an, Aufenthalts- und Speiseraum für die gesamte Dienerschaft, sowie die einen ganzen Seitenflügel einnehmende Schloßküche mit gewaltiger Feuerstelle unter einem nicht minder gewaltigen Kamin. Im Obergeschoß befinden sich der schöne Festsaal und einige kleinere Räume, als »Schloßmuseum« eingerichtet neben einer Brüder-Grimm-Ausstellung.

Besichtigung von Schloß und Schloßmuseum nur mit Führung. Montags geschlossen. Tel. Anmeldung Schloßverwaltung (Tel. 06663/245).

Hübsch ist der (moderne) Märchenbrunnen auf dem Vorplatz des Schlosses, von dessen Brunnensäule uns alle die lieben Märchengestalten anschauen. Auch im danebenstehenden Marionettentheater Steinau werden vormehmlich die Grimm'schen Märchen gespielt.

Auskunft bezüglich Spielplan bei Familie Magersuppe (Tel. 06663/245).

100

Der Komplex des ehemaligen Klosters von Schlüchtern wird von dem wiederhergerichteten romanischen Westturm der Abteikirche überragt.

Unsere nächste Station im Kinzigtal ist **Schlüchtern**. Die fromme Sage berichtet, das einstige Benediktinerkloster Monasterium Solitariense gehe auf den ersten Frankenbischof Burkardus zurück, der nach dieser Legende auf dem Rückweg von seiner Bischofsweihe durch Bonifatius in Fulda hier in der Einsamkeit der Wälder die Gründung eines Klosters beschlossen habe. Das würde auf das Jahr 741 bzw. 742 hinweisen. Greifbar wird das Jahr 993: Da bestätigte König Otto III. die Schenkung von Kloster Schlüchtern mit allen Zugehörungen an das Bistum Würzburg. Aus karolingischer Zeit ist die Krypta erhalten.

Eine Handwerker- und Hörigensiedlung vor dem Kloster erwuchs unter dem Einfluß der Handelsstraße Frankfurt – Leipzig, auf die hier auch der nördliche Zweig des Eselsweges traf, bald zu einem lebhaften Ort. Ein Stich von Merian aus dem Jahr 1646 zeigt neben dem Kloster das Bild einer wohlgefügten Stadt mit festem Mauerring, Stadtgraben und Tortürmen, ferner die Stadtkirche St. Michael (von 1196) mit gotischer Turmhaube (14.Jh.), das stattliche Rathaus mit

Renaissance-Treppenturm und schlankem Dachreiter und über spitzwinkeligen Dächern aufragend den Steinbau des Lauterschen Schlößchens (1440 erbaut). In ihm ist heute das »Bergwinkel-Museum« untergebracht mit interessanten Exponaten zur Stadt- und Heimatgeschichte, beispielsweise zu Petrus Lotichius, den reformatorisch gesonnenen Abt des Klosters, der nach dessen Aufhebung 1543 hier eine berühmte Lateinschule für die Söhne höherer Stände einrichtete. Ferner gibt es eine kleine Erinnerungsausstellung an die Brüder Grimm, die öfter besuchsweise in Schlüchtern geweilt hatten. Auch Ulrich von Huttens, Sohn des vor den Toren Schlüchterns beheimateten Zweiges der großen Hutten-Sippe, wird ehrenvoll gedacht.

Geöffnet: 1. April–30. September Di–Sa 14.00–16.00 Uhr, So 10.00–-12.00 Uhr, 1. Oktober–31. März nur Mi 14.00–16.00 Uhr, So 10.00–12.00 Uhr. Gruppenführungen auf Anfrage (Tel. 06661/850).

Ulrich von Hutten war 1488 auf der **Steckelburg** geboren worden. Nach Studium und kurzem Staatsdienst am Mainzer Hof führte er ein unstetes Leben. Er wurde als bedeutendster deutscher Dichter seines Jahrhunderts von Kaiser Maximilian I. zum *poeta laureatus* gekrönt. Er war Freund von Humanisten und Reformatoren, und er war ein glühender und wortgewaltiger Hasser päpstlicher Machtpolitik, der im Grunde in keine geistige Schublade paßte und letztlich einsam blieb. Und einsam starb er auch, krank und verfemt, auf der Insel Ufenau im Zürichsee im Jahr 1523. Wer die Steckelburg, etwa sechs Kilometer östlich von Schlüchtern auf einer Kuppe der Vorrhön aufsucht, findet dort nichts als einen Turmstumpf, ein paar Mauerreste unter Baumgestrüpp – und die einsam wandernden Wolkenschatten über dem Land.

Doch kehren wir nach Schlüchtern zurück. Das bei dem Umbau zu einer Lehrerbildungsanstalt 1836 stark veränderte vormalige Kloster ist immer noch sehenswert – was allerdings nur mit Führung möglich ist. Zwar wurde die spätgotische Kirche zugunsten einer großen Aula zerstört, doch blieb die alte Klosterküche erhalten und wird sogar noch benutzt. Wirklich bemerkenswert ist die karolingische Krypta einer um 800 erbauten Vorgängerkirche in ihrer strengen Klarheit. Von der einstigen Katharinenkapelle (um 1100) ist noch eine kleine kreuzgewölbte Vorhalle geblieben. Von edlem Geist zeugt das Untergeschoß der Andreaskapelle (um 1200), ein Beispiel für staufisch-repräsentative Romanik. Die Huttenkapelle an der Nordwand des Westturmes, 1354 von Frowin von Hutten und seiner Ehefrau – den Erbauern der Steckelburg – als Familiengrablege gestiftet, hat ihre gotischen Elemente wahren können. Auch die Eltern Ulrichs fanden hier ihre Ruhestätte. Die Kapelle selbst ist jetzt als Gedenkstätte für Ulrich von Hutten (dessen Grab unauffindbar ist) ausgestattet mit einer Bronzebüste von dem Siegener Bildhauer Kuhmichels und einem ausdrucksvollen Porträtrelief von dem im Züricher Raum tätigen Bildhauer O. Münch. Der mächtige Westturm, um das Jahr 1000 errichtet, später aber stark beschädigt, wurde unter Verwendung karolingischer und romanischer Bauelemente würdig restauriert.

| Führungen: Mai–September mittwochs 14.30 Uhr. Gruppen- und Sonderführungen nach tel.Anfrage: Städtisches Verkehrsbüro (Tel. 06661/850).

Es gibt in Schlüchtern noch die alte Synagoge, Zeugin der einstmals regen Gemeinde, die, wenn auch ihrer Würde beraubt, die Zeiten überdauerte. Nach einer gründlichen Restaurierung bietet sie jetzt Raum für Kammerkonzerte, Vorträge, Ausstellungen.

Perlen, eingefaßt vom Grün der Wälder

Neben den bekannten Sehenswürdigkeiten in der Nachbarschaft von Bad Orb finden sich in den nahen Spessarttälern unerwartete Köstlichkeiten. So lohnt es sich beispielsweise, einmal den *Jossgrund* abzufahren:
Über Villbach mit seinem Naturdenkmal »Beilstein«, Stumpf eines Basaltganges, auf dessen Kuppe eine Burgruine mit schönem Ausblick steht, erreicht man die Großgemeinde Flörsbach mit **Kempfenbrunn.** Hier steht eine seit hanauischer Zeit evangelische Kirche, deren Turm in seinem spätromanischen Untergeschoß gotische Fresken (spätes 15. Jh.) besitzt, die in beeindruckenden Bildern vor allem Szenen aus der Passion Christi darstellen. Sie wurden erst vor wenigen Jahren bei Restaurierungsarbeiten wiederentdeckt und freigelegt. Aus vorreformatorischer Zeit stammt auch eine spätgotische Marienstatue vom früheren Hauptaltar; Kanzel und Taufstein wurden im späten 16. Jahrhundert der Ausstattung hinzugefügt.
Lohrhaupten, auf der Höhe der Wasserscheide zwischen Lohr und Jossa, geht auf einen karolingischen Königshof zurück und war Urpfarrei für dieses Gebiet gewesen, urkundlich belegt seit 1057. Das Kirchenschiff wurde nach einem Dorfbrand 1765 an den stehengebliebenen Turm angebaut; auch in seinem Untergeschoß fand man

vor kurzem bei einer Renovierung gotische Fresken, Teil eines dramatischen Weltgerichts. Der Kirchenraum erhielt beim Neuaufbau in protestantischer Manier umlaufende Emporen, die Westwand über dem Altartisch eine Kanzel in vornehmer Eichen- und Nußbaumholztäfelung, verziert mit feinvergoldeten Rocailleschnitzereien, was der Dorfkirche etwas Herrschaftliches verleiht.

Ein Abstecher spessarteinwärts führt uns zur beliebten Waldgaststätte »Bayerische Schanz« (vormals Zur Preußischen Grenze). Hier, an der »Birkenhainer Straße«, wurden einst Zoll kassiert und Pferde gewechselt, und für das leibliche Wohl war sicher schon damals gesorgt. Im nahen **Rengersbrunn** wird seit alters her eine Madonna im Strahlenkranz (um 1460) verehrt. Hauptwallfahrtstage sind die Marienfeste, im Juli der erste Sonntag, desgleichen der erste Septembersonntag. Der Hauptaltar der Wallfahrtskirche, der die Muttergottesstatue umfaßt, stammt aus der Werkstatt von Peter Wagner, Würzburg, die reich mit Putten geschmückte Kanzel fertigte Materno Bossi an. Ein mächtiger Opferstock, wichtiges Requisit bei Wallfahrten, trägt die Jahreszahl 1618. Beachtenswert ist auch der schöne Brunnen vor dem Hauptportal, dessen reinem Quellwasser heilsame Kräfte zugesprochen wurden.

In **Burgjoß** überrascht den Betrachter der Steinklotz des ehemaligen Wasserschlosses der »Herren von Jazza«. Der Kern des Bauwerks entstammt dem 12. Jahrhundert; die vorgewölbte mächtige Schildmauer hat immer noch etwas Bedrohliches. Seit dem 14. Jahrhundert saßen hier gemeinsam die Herren von Thüngen und die von Hutten, »gute Freund' und Vettern« des Götz von Berlichingen. 1541 erwarb das Erzstift die Burganlage, der Wohntrakt wurde ausgebaut und teils als herrschaftliches Jagdschloß, später als Sitz des kurmainzischen Amtmannes genutzt. Wie Orb wurde Burgjoß später hessisch; die Burg ist heute Sitz einer hessischen Forstbehörde.

Seite 105 oben: *Blick über Bieber und Biebergrund von der Höhe der alten Bergkirche*

Unten links: *Wo sich der Eselsweg bei der »Wegscheide« in den Orber und Schlüchterner Zweig teilt, steht ein Wegkreuz, genannt »der Burgjoßer Heilige«.*

Unten rechts: *Der Orber Grund zwischen Burgjoß und »Wegscheide«*

Mernes, wenige Kilometer jossaabwärts gelegen, fällt schon von weitem durch seinen Hausberg, den Stakenberg, ins Auge – zweifellos eine uralte Kultstätte. In der schlichten Dorfkirche befindet sich, eingefügt in den Hochaltar, eine überraschend qualitätsvolle Kreuzigungsgruppe (um 1500) in originaler Farbfassung; man schreibt sie dem engsten Kreis um Riemenschneider zu.

Ein wenig weiter talabwärts liegt **Marjoss** – seit vorgeschichtlicher Zeit ein Ort der Töpfereien, wie alte Bodenfunde beweisen. Heute werden noch in zwei Werkstätten nach alter Handwerkerkunst die schönen »Marjösser Döppe« hergestellt, allen Sammlern bäuerlicher Keramik zur Freude.

Nun macht die Jossa einen großen Bogen um den Höhenrücken der »Glashüttenberge« von Emmerichsthal, einer 1768 von Kurmainz gegründeten Hohlglashütte (heute Gastwirtschaft), um dann bei Jossa, einem kleinen, reizvoll gelegenen Ort, in die Sinn einzumünden. Freunde des ob seines Ideenreichtums geschätzten Pädagogen und Dichters Leo Weismantel (1888–1964) könnten im benachbarten Obersinn seinem Geburtshaus (mit Gedenktafel) eine Reverenz erweisen. Zur Rückfahrt – zunächst jossaaufwärts – wähle man den Weg durch das Waldgebiet des Orber Reisigs über die in Mernes scharf rechts abzweigende Straße. In weiten Kurven steigt sie bergan bis zur alten Wegkreuzung »Beim Merneser Heiligen«. Ab hier führt die Höhenstraße parallel zum Eselsweg zum »Burgjoßer Heiligen« vor der Wegscheide und hinunter nach Bad Orb.

Es fällt auf, wie viele solcher markanter Wegkreuze und Bildstöcke an den alten Fernwegen des Spessarts – hier beim Eselsweg – noch zu finden sind. Sie erzählen von den Menschen, die seit undenklichen Zeiten ihre Lasten, ihre Hoffnungen und ihre Ängste dahingetragen haben.

Von großen und kleinen Spessarträubern

Vielleicht ist gerade hier, unter solch einem eindrucksvollen Wegkreuz, der richtige Ort, ein wenig über die berüchtigten Spessarträuber nachzudenken. Es gehen heute noch allerhand Geschichten über sie um. So blutrünstig sie auch klingen mögen, die Wirklichkeit übertraf noch manches der Schauermärchen an Hinterlist und Grausamkeit.

Das Thema ist akut, seitdem im ausgehenden Mittelalter die beiden Fernhandelsstraßen Frankfurt – Leipzig und Frankfurt – Nürnberg beziehungsweise Augsburg am Spessart entlangführten, die eine an seinem Nordrand durch das Kinzigtal, die andere westlich der Spessarthöhen durch das Maintal. Diese von Kaufmannsmannszügen und Einzelreisenden stark benutzten Straßen zogen auch räuberische Elemente an. Allerdings waren die frühesten Wegelagerer, von denen wir wissen, nicht die »kleinen Leute«, sondern Raubritter. Einen von ihnen kennen wir auch namentlich: Götz von Berlichingen. Man lese nur das Kapitel über seine »Meynzische Erste Vhed« anno 1515 in seiner von ihm selbst abgefaßten Lebensgeschichte. Er berichtet darüber ausführlich und höchst selbstbewußt. Der Spessart gehörte danach zu einem von ihm öfter aufgesuchten »Kampfgebiet«. Das Orber Reisig mit seinem unübersichtlichen Gelände war die Sammelstelle für seine angeworbenen Reitknechte und zugleich Rückzugsgebiet für ihn, da er nicht weit entfernt davon »etliche feste Häuser bei guten Freunden und Vettern« wußte, wie er selbst bekannte. Unwillkürlich denkt man bei diesen Worten an die starken Burgen im Jossa- und Sinntal, hinter deren Mauern so mancher Gefangene, von dem man Lösegeld erhoffen konnte, und so manche Warenladung versteckt werden konnten.

Im Kapitel über die erste Mainzer Fehde berichtet Götz ungeniert von all diesen Umständen, auch davon, daß er sich von einem bestochenen Nürnberger Schreiber eine Liste der von dort aus nach Frankfurt zur großen Herbstmesse abgehenden Geleitzüge beschafft hatte, um aus den festgelegten Reisedaten einen ihm günstig erscheinenden Ort und Zeitpunkt für den geplanten Überfall zu ersehen. So erfuhr er beispielsweise, daß »am tage uff unser Frawen geburtstag« ein Geleitzug mit den »reichsten Kaufleuten des Reiches und tonnen Goldes uff den wagen« auf der Straße Miltenberg – Aschaffenburg an der dortigen Geleitstation auf dem Dammsfeld vor Elsenfeld beim Wechsel der Begleitmannschaft gegen ein Aschaffenburger Geleit für eine Weile Halt machte. Das war die Gelegenheit für einen Überfall. Götz berichtet: ... »so zog ich tag und nacht vom o(r)ber Reisig biß das ich kam an das Damßfeld ...«. Durch die vorzeitige Rückkehr eines nach Miltenberg entsandten Reitknechts, der die Menge der anrückenden Kauf-

15: GÖTZ BERLINGEN·47

Der »ernveste« (ehrenfeste)
Ritter Götz von Berlichingen
unternahm so manchen
Raubzug auch im Spessart.

leute ausspionieren sollte,und der schon beim Erblicken des Vor-
trupps von sechs oder sieben Wagen Götz alarmierte, fiel dieser
über die am Haltplatz gerade unbewachten Wagen her und plünderte sie aus. An die 8000 Gulden habe er dabei herausgeholt, be-
richtete er später, fügte aber mißvergnügt hinzu, hätte der Knecht
damals noch eine Stunde länger zugewartet und ihm den ganzen
Geleitzug vermeldet, an die hundert Wagen, so »wellt ich uff den
tag vier oder fünf tonnen Goldes erbeutet haben«. Aber, so schloß
er die Schilderung jenes »Reuterstückleins«, »... der Anfang der
Vhed war damit gemacht«.

Diese und ähnliche »Fehden« erfreuten sich bei einem Teil des
Landadels damals großer Beliebtheit, es war die Zeit der Raubritter, die auf reiche Kaufmannswagen Jagd machten – bis endlich
Reich und Landesfürsten durch verschärfte Strafaktionen den
schon von Kaiser Maximilian I. proklamierten »Ewigen Landfrie-
den«, der das ritterliche Fehderecht weitgehend aufhob, durch-
setzten und dem üblen Treiben ein Ende machten.

Nach den »ritterlichen« Räubern traten aber bald andere auf den Plan: Durch die häufigen Kriegszüge des 17. und 18. Jahrhunderts machten sich auch in den Wäldern des Spessarts Gruppen von desertierten Soldaten oder Kriegskrüppeln, zu keiner richtigen Arbeit mehr zu gebrauchen, räuberisch zu schaffen. Aber auch die einheimische Bevölkerung war teilweise demoralisiert durch die böswillige Zerstörung von Hab und Gut, vom gewaltsamen Tod, der umging: So manchen der Überlebenden trieben Heimatlosigkeit und blanke Not »in den Wald«, in ein vagabundierendes Leben. Den Höhepunkt erreichten diese Zustände vor allem während der Napoleonischen Kriege. Etliche der oft mit Gewalt rekrutierten Soldaten zogen es vor, als räuberischer Vagant zu leben, denn im Kugelhagel der Schlachten zu sterben. Um einen besonders schlauen oder schlagkräftigen Anführer gruppierten sich so ganze Banden, die freilich nicht immer zusammenblieben, sondern möglichst unauffällig im Land untereinander Kontakt hielten als Hausierer, Kesselflicker oder auf andere unstete Weise. Manche hatten ihre Frauen oder »Kebsweiber« bei sich, die angestellt wurden, günstige Gelegenheiten zu Überfall und Raub »auszubaldowern«, während schon die Kinder auf Hühnerdiebstahl und ähnliche »Einstiegsdelikte« abgerichtet wurden, bis die Buben, halbwüchsig noch, zur Bande kamen, kaum daß sie dreinschlagen konnten.

Eine solche berüchtigte Bande agierte unter ihrem Anführer »Hölzerlips«, alias Georg Philipp Lang, etwa zehn Jahre im Raum Odenwald-Südhessen-Spessart und Maingebiet. Ihnen wurden besonders brutale Straßen- und andere Räubereien nachgewiesen, die in dem 1811 geführten Prozeß nach Gefangennahme der meisten der Bandenmitglieder von dem Heidelberger Stadtdirector Pfister säuberlich protokolliert worden sind. Aus diesen Vernehmungsprotokollen werden aber auch die erbärmlichen sozialen Verhältnisse ersichtlich, aus denen diese Räuber herkamen; Pfister beurteilt das lapidar: »Von Gaunern geboren, zu Gaunern erzogen, als Gauner gelebt.« Sie galten als Ausgestoßene der Gesellschaft – und sie rächten sich dafür durch eine menschenverachtende Brutalität. Einige ihrer bevorzugten »Arbeitsgebiete« waren die »Leipziger Straße« von Frankfurt und Hanau bis hinauf nach Steinau und Schlüchtern, ferner die »Nürnberger Straße« am

Westrand des Spessarts entlang des Mains, selbst die Poststraße zwischen Aschaffenburg und Rohrbrunn wurde von ihnen gelegentlich nach einträglichen »Geschäften« abgesucht. Bei Rohrbrunn schlug man mehrmals wandernde Handwerksburschen nieder und beraubte sie bis auf die Stiefel. In und um Miltenberg wurde in Gastwirtschaften und Gehöfte eingebrochen, man plünderte sie aus und schlug die Bewohner nieder, wenn sie sich zur Wehr setzten. Oft aber »wirkten« sie im Kinzigtal und in den benachbarten Dörfern. Hier waren es häufig abseitsliegende Mühlen, die sie heimsuchten. Manchmal erbeuteten sie reichlich Geld, Zinngeschirr, Silberzeug, manchmal nicht mehr als ein paar Speckseiten, einen im Stall angebundenen Esel, oder in einer Kapelle Kerzen und Wachsstöcke. Besonders gern überfielen sie einzeln- oder zu zweitgehende Juden, die von Märkten heimkehrten und deren Taschen sie voller Geld wähnten – das war die Räuber»romantik« des Spessarts: Eine verzweifelte Lebensgier, und im Unterbewußtsein immer das Wissen, selbst irgendwann »dranzusein«. Dies geschah im Jahr 1812, als die Hauptträdelsführer im Heidelberger Prozeß allesamt zum Tod durch den Henker verurteilt wurden.

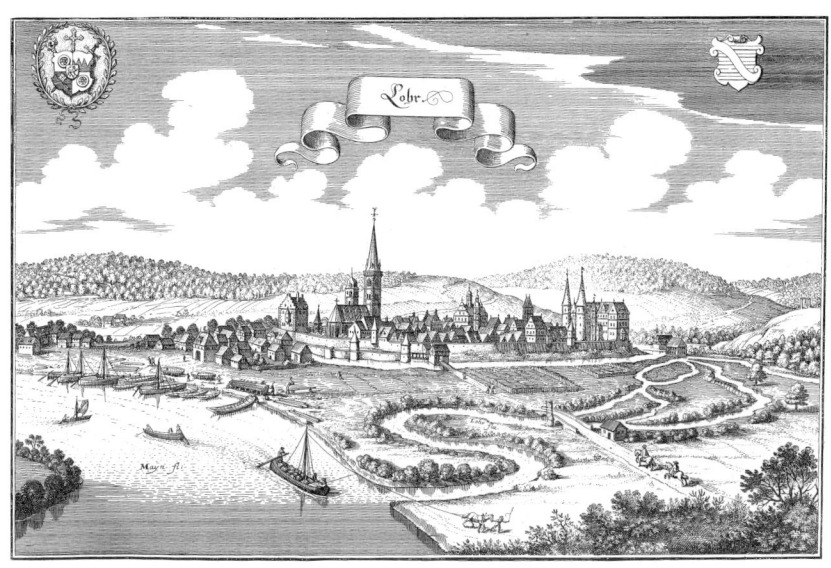

3. Lohr und der Ostspessart

Lohr – liebenswerte Stadt zwischen Fluß und Wäldern

Wer fremd nach Lohr kommt, stelle am besten seinen Wagen erst einmal ab, denn die Altstadt ist Fußgängerzone. Man schlendere ein wenig die Hauptstraße hinab, und dann »a bißje« rechts und links in die geraniengeschmückten Fenster geguckt und nach den milden Madonnen und Heiligen über Haustüren, und ein wenig dem Plätschern des Marktbrunnens gelauscht und dem Stimmengeplätscher rundum, und dann sich für ein Weilchen inmitten dieser heiteren Urbanität niedersetzen vor einem der zahlreichen Straßencafés in der Hauptstraße – und gleich fühlt man sich nicht mehr fremd.

Dann mag das gezielte Schauen beginnen: Da wäre als erstes das stattliche Rathaus mitten in der Hauptstraße aus dem späten 16. Jahrhundert. Im Erdgeschoß verraten noch die Säulen und Rundbögen aus solidem Buntsandstein trotz späterer Verbauung die ursprünglich offene Halle zur Straße hin, die sowohl Märkten diente als auch der Hege des

111

Stadtgerichts vor den Bürgern. Eindrucksvoll ist auch der Ratssaal, intimer Raum für kleinere kulturelle Veranstaltungen.

Von der Bürgerstadt ist der Weg nicht weit zur Stadtpfarrkirche St. Michael, die bis zur Reformation, die kurz über die Stadt hingegangen war, unter dem Patrozinium von St.Martin stand. Dies deutet darauf hin, daß Lohr (»Lare«) eine Gründung aus frühfränkischer Zeit sein könnte, vielleicht erwachsen aus einem Königshof. Allmählich entstand hier auf dem Hochufer über dem Main eine umwallte Turmhügelburg nebst Burgkapelle. Zu deren Füßen erwuchs bald das Viertel jener Leute, die mit dem Main zu tun hatten: Fischer, Bootsbauer, Schiffsknechte. Das Fischerviertel mit seinen schmalen Gassen und bunten Häusern ist heute noch etwas Besonderes. Die Hofleute dagegen und die anderen Handwerker siedelten sich oberhalb der Burg an. Wann die Grafen von Rieneck hier Fuß faßten und schließlich sogar ihre feste Stammburg im Sinntal als Wohnsitz aufgaben, weiß man nicht, aber 1331 sprachen sie bereits in einer Urkunde von »unserer Stadt Lohr« (offizielle Verleihung des Stadtrechts 1333). Man hatte da bereits begonnen, den Ort mit Mauern, Wehrtürmen und Toren abzusichern – der imposante Stadtturm, wohl zugleich auch Wachtturm, stammt schon aus dem späten 13. Jahrhundert. In der Nordwestecke der Stadt aber ließen die Rienecker ein neues festes Schloß erbauen, eingefügt in den Befestigungsring der Stadt. Hier residierten sie seit etwa 1380 bis zum Erlöschen des Geschlechts im Mannesstamm 1559. Das Erzstift Mainz trat in Lohr das Erbe an, und ein adeliger Amtsvogt residierte fortan in dem durch Umbauten behaglich gemachten Schloß. Noch heute erfreut es uns mit seinen spitzen Giebeln und den zierlichen Rundtürmchen beiderseits des Mitteltrakts, die man damals zugefügt hatte.

Die Stadtpfarrkirche erfuhr umfangreiche Umbauten im 15. Jahrhundert – die bislang getrennte alte Kapelle wurde dem Langhaus als Sakristei angefügt, der Ostchor erweitert und mit großartigen Maßwerkfenstern versehen. Den Abschluß der Bauarbeiten bildete der hohe Kirchturm mit seinem Spitzdach von 1496. Im Innern birgt die Kirche gute Beispiele an künstlerischer Ausstattung aus der Zeit der Gotik, des Barocks und des Klassizismus, der Neugotik des 19. Jahrhunderts bis hin zu den lebensvollen Kreuzwegstationen von Heinz Schiestl (1914/16). Blickfang aber ist der Ostchor mit einer Reihe hervorragend gearbeiteter Epitaphien für die hier zur Ruhe gebetteten Rienecker von einem 1408 gestorbenen Ludwig VI. bis zur schlichteren Grabtafel des letzten Rieneckers, Graf Philipp, gestorben 1559.

Zwei Museen bietet Lohr seinen Besuchern an: Zum ersten das bekannte Spessart-Museum im Schloß, ein »Muß« für jeden halbwegs Interessierten. Da liefert das Schloß selbst gleich ein Stück Stadtgeschichte, »regierten« doch von hier aus für etwa zweieinhalb Jahrhunderte die kurmainzischen Oberamtsvögte über Lohr und Umland. Diese Position wurde u.a. auch vom Hause Erthal ausgeübt; Friedrich Carl Josef wurde später zum Erzbischof von Mainz (1774–1802), sein Bruder Franz Ludwig zum Fürstbischof von Würzburg und Bamberg (1756–1779) erhoben.

Ein Gang durch das Museum kommt einer Wanderung durch den ganzen Spessart, seiner Landschaft und Wirtschaftsgeschichte, gleich.

In so liebevoll wie sachkundig nachgestellten Werkstätten werden die landesüblichen Berufe demonstriert, die Steinmetzen ebenso wie die Grob- und Feinschmiede, vor allem aber die zahlreichen holzverarbeitenden Berufe, wie Wagner, Küfer, Bootsbauer, Schreiner, Kunstschreiner und Intarsienschneider. Der in Spessartrandgebieten heimischen Töpfereien mit ihrem recht spezifischen Geschirr ist ebenso gedacht, wie natürlich der Glasmacher und dem Spessartglas. Da gibt es Abbildungen von alten Glashütten, eine reiche Sammlung von Glaswaren, einfache Flaschen und Gebrauchsgläser neben kunstvoll gearbeiteten Flaschen und wahren Prachtstücken von mit Emailmalereien verzierten Humpen, Bechern und Kelchen, Noppenglasrömern und hohen »Spechtern«, wie sie den Tisch reicher Herren zierten. Die berühmte Lohrer Spiegelmanufaktur, ein kurmainzischer Betrieb des 18. Jahrhunderts, ist mit einem ganzen Saal voller Prunkspiegel vertreten. In krassestem Gegensatz zu solchem Luxus steht der »Spessart-Pauperismus« in der Darstellung der unglaublichen Armut in den Spessartdörfern zu früherer Zeit. Erheiternd ist dagegen eher die Figur des armen, aber bösen Spessarträubers, der einer schönen Dame in der Reisekutsche auflauert – die Wirklichkeit der Spessarträuberei war freilich weniger zum Lachen.

I Geöffnet: Di–Sa 10–12 Uhr, So/Feiertags 10–13 Uhr.

Das Lohrer Schulmuseum im Stadtteil Sendelbach vermittelt kulturhistorische und zeitgeschichtliche Einblicke in den Schulbetrieb vom Beginn des 19. bis ins 20. Jahrhundert an Volksschulen. Bedrückend wird hier die frühere Armut der Schulen an Räumen und Ausstattung mit Lehrmaterial sichtbar; wichtigstes Lernziel war offenbar, den unbedarft»treuen Untertan« heranzuziehen.

I Geöffnet: Mi–Sa 14–15 Uhr, So/Feiertags 14–17 Uhr.

Andere »Lernziele« bietet der Waldlehrpfad auf dem Valentinusberg, der auf einem dreistündigen Rundweg mit 40 Schautafeln erkennbar macht, wie der Wald Glied in der Kette des Lebens ist.

Die Valentinuskapelle auf dem Berg geht auf alte Pestzeiten zurück; heute noch wird sie am St. Rochustag in einer Prozession aufgesucht. Eine Besonderheit Lohrs ist die Karfreitagsprozession der Handwerker, belegt seit dem 17. Jahrhundert: Mitglieder der Zünfte tragen lebensgroße Christusfiguren in der Darstellung der vierzehn Leidensstationen durch die Gassen der Stadt.

Zum religiösen Leben Lohrs gehört auch die Wallfahrt nach **Mariabuchen**. Überm Berg hinter Sendelbach – außer der Straße führt ein alter Wallfahrerweg mit seinen Kreuzwegstationen dorthin – erhebt sich die Kirche über einem friedvollen Waldtal neben dem Kloster der sie betreuenden Kapuziner. Sie wurde in schlichtem Barock um 1700 erbaut. Ihre spätbarocken Haupt- und Seitenaltäre – im linken Gnadenbild – vermitteln eine wohltuende Atmosphäre. Auch der große Freialtar mit der beachtlichen Kreuzigungsgruppe (frühes 18. Jh.) zeugt von der regen Wallfahrt zu dem um 1390 in der Höhlung einer alten Buche aufgefundenen geheimnisvollen Marienbild. Von der kleinen Pietà soll alsbald eine wundertätige Kraft ausgegangen sein, und so tragen seit nunmehr 600 Jahren die Menschen ihre Nöte hierher in Hoffnung auf himmlische Hilfe. Besucht wird Mariabuchen vor allem an Pfingsten und zu den Marienfesten.

»Kurfürsten-Humpen« im Lohrer Spessart-Museum

Im Herzland der Rienecker:
Burg und Stadt Rieneck – Kloster Schönau – Gemünden

Rieneck, zu Füßen der Burg im hier recht engen Tal der Sinn gelegen, hat sich in seinen hügelan klimmenden Gäßchen noch einiges von altem Reiz bewahrt. Sie bilden ein interessantes Ensemble, die streng klassizistische Kirche mit ihrem stumpfen Turm im leuchtenden Rot des Buntsandsteins, davor das alte Rathaus, ein stattlicher Fachwerkbau (1452), dessen Obergeschoß sich mit zwei hübschen barocken Ecktürmchen schmückt und das am steinernen Sockel neben dem gotischen Portal noch das Halseisen bewahrt, und daneben das dunkel geschindelte ehemalige Kauf- und Lagerhaus mit seiner Vorlaube. Das Rathaus dient heute als Bürgerzentrum mit Festsaal für kulturelle Veranstaltungen. Auch ein kleines Heimatmuseum befindet sich hier.
I Geöffnet: täglich 14–16 Uhr oder nach Vereinbarung (Tel. 0 93 54/4 55).
Über ein Treppengäßchen steigt man hinauf zur Burg, die sich gewaltig mit Mauern, Torhaus und Türmen über Stadt und Tal erhebt. Allerdings stammt das meiste an Bausubstanz aus dem 19. Jahrhundert, historisierend von romantischen Burgbesitzern errichtet. Erst als nach dem Zweiten Weltkrieg das »Bildungs- und Erholungswerk der christlichen Pfadfinderschaft Deutschland« e.V. den ganzen Burgkomplex übernahm, bemühte man sich um ein angemessenes Bild der Bauten. Auch die schon weitgehend verfallene Burgkapelle (13. Jh.) wurde als Andachtsstätte wieder hergerichtet. Beeindruckend sind die romanischen Figuren über der Türe: Sie stellen vielleicht zwei Rienecker im Gewand Geistlicher dar, die um 1200 an den Kämpfen um Konstantinopel im vierten Kreuzzug teilgenommen und in der Folge bis zu ihrem Tod »im Morgenland« gewirkt hatten. Einzigartig aber ist der siebeneckige »Dicke Turm«, ältester Teil der Burg (Anfang 12. Jh.), der

Seite 117 oben links: *Auf Burg Rieneck sind über dem Portal der Burgkapelle diese – so wird vermutet – Epitaphien zweier Rienecker Kreuzfahrer eingelassen.*

Oben rechts: *Im einstigen Schloß der Grafen von Rieneck und späterem Sitz des kurmainzischen Oberamtmannes ist heute das Spessart- Museum Lohr untergebracht.*

Unten: *Zum Gnadenbild von Mariabuchen führt eine der lebendigsten Wallfahrten im Spessart.*

Burg Rieneck über dem Sinntal

als Flucht- und Wohnturm dienen sollte und deshalb auch eine Kapelle im dritten Stockwerk erhielt, kleeblattförmig in die bis zu sieben Meter starke Mauer eingefügt; sie ist einmalig in ihrer Art auf dem europäischen Festland, und übt in ihrer archaischen Strenge einen starken Zauber auf den Besucher aus.

Öffnungszeit des Turms: täglich 14–16 Uhr oder nach Absprache (Tel. 0 93 54/7 45).

Erbauer dieser Keimzelle der späteren Burg war vermutlich der Stammvater der »neuen« Rieneck-Linie, Arnold Graf van Loon, der nach 1103 die Erbtochter Graf Gerhards von Rieneck (ältere Linie) geheiratet hatte. Wenig später nach dem Tode des Schwiegervaters übernahm Arnold dessen Amt und Titel, er nannte sich fortan Graf von Loon und Rieneck und verfügte nunmehr neben dem gewichtigen Amt des Hochvogtes von Mainz über die schönen Rieneckischen Besitzungen im unteren Sinn- und Saaletal bis zum Mainbogen hin.

Das (neue) Haus Rieneck hatte es immer verstanden, entweder durch günstige Eheschließungen mit Erbtöchtern oder aber über einträgliche Vogteiämter sich Macht und Einfluß zu verschaffen. So verfügte Rieneck eineinhalbhundert Jahre später, nachdem doch Graf Arnold ohne eigenen Grundbesitz im Rhein-Maingebiet seine Laufbahn begonnen hatte, über folgende Besitztitel:

An Grundbesitz: Sieht man von dem vor 1200 erheirateten grossen Besitz zwischen Main und Taubertal mit der festen Burg Lauda nebst weiterem Streubesitz ab, so umschlossen seit Mitte des 13. Jahrhunderts Rieneckische Stützpunkte bereits den ganzen Spessart wie eine Klammer (s. Karte S. 21), die zu brechen Mainz bemüht blieb.

An Ämtern: Hochvogtei Erzstift Mainz; Vogtei über das Stift SS. Peter und Alexander Aschaffenburg, damit verbunden das Amt des Forstgrafen im Spessart (was dem Haus Rieneck erst die ausgedehnte Rodungs- und Siedlungstätigkeit im Zentralspessart ermöglichte). Das Amt eines Lehensgrafen der Reichsabtei Fulda, verbunden mit gewissen Vogteirechten. Die Vogtei über das Eigenkloster Himmelthal und die »widerrechtlich ausgeübte« Vogtei über das Kloster Schönau. Hinzu kam die Vogtei über die Königsbauern des Vorspessarts (Freigericht) als Reichslehen, und – für 1406 belegt – die Vogtei über den Verband der »Gleser uff und umb den Spetshart«. Ferner hielt Rieneck das Geleits- und Zollrecht auf der Birkenhainer Straße zwischen Gelnhausen und Gemünden in Händen. (Für die Vollständigkeit der Angaben keine Gewähr.)

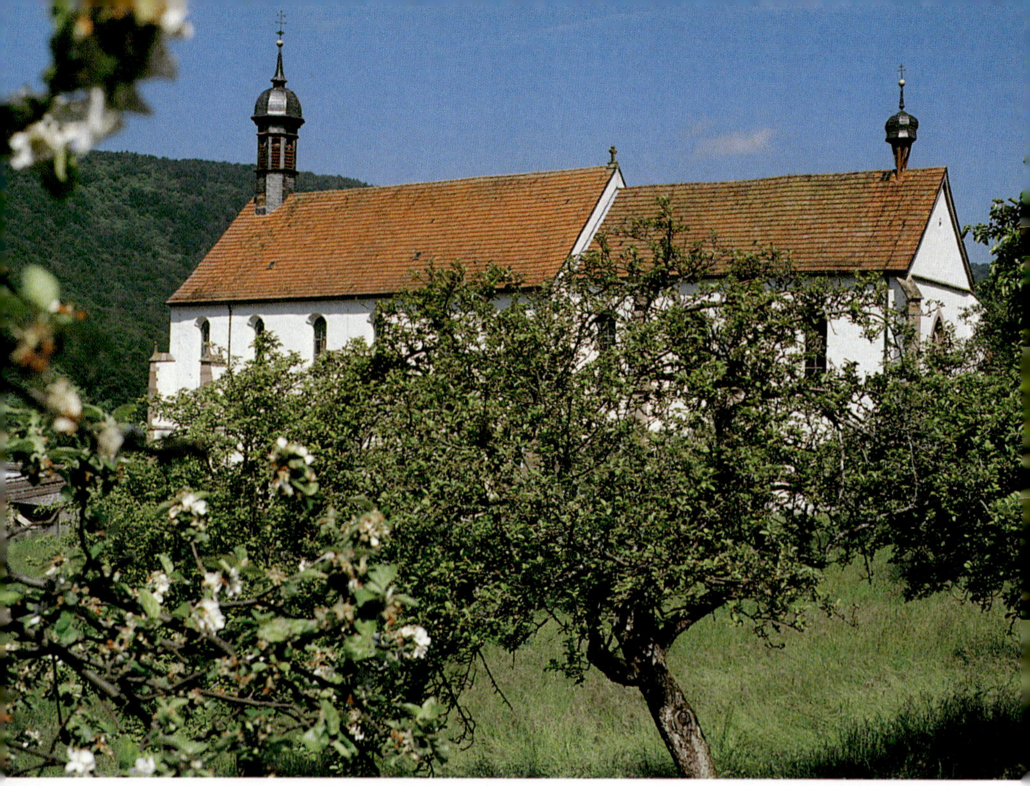

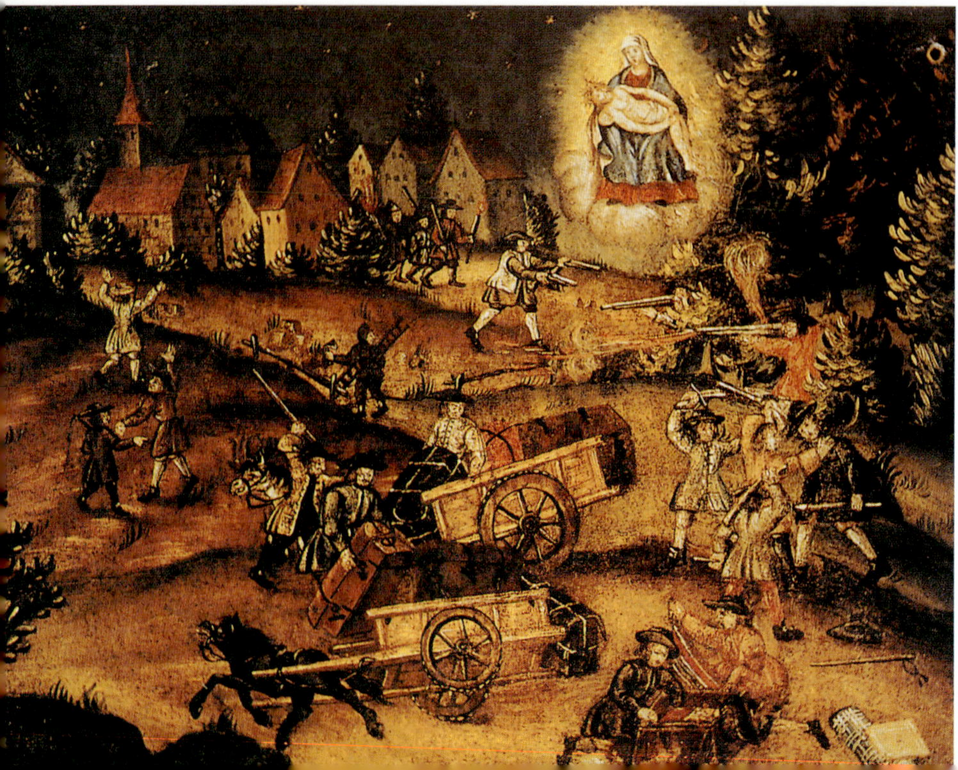

Doch genug der Familiensaga. Aus Rieneck stammten auch die Dichterbrüder Schnack, Friedrich (1888–1977) und Anton (1892–1973). Eine Gedenktafel an ihrem Geburtshaus erinnert daran, ein gesichtsloser Umbau der einstigen Gendarmerie-Station, deren »Commandant« ihr Vater gewesen war. Wenige Autominuten hinter Rieneck erreichen wir **Burgsinn,** das älter ist als Rieneck: Schon im späten 10. Jahrhundert als Wasserburg »Sinna« genannt, erwarben diese die Herren von Thüngen vom Hochstift Würzburg: Burg und Ansiedlung blieben in ihrem Besitz bis 1803. Die Wasserburg am Ufer der Sinn bietet heute noch einen romantischen Anblick. Der Bergfried und Mauerbering wurden im 12. und 14. Jahrundert ausgebaut. Ein Teil der Wohngebäude wirkt recht baufällig. Im Ort selbst ist, hübsch anzusehen, das »Fronhofer Schlößchen« (1607), im Renaissancestil für eine Freiin von Thüngen als Witwensitz erbaut. Das »Neue Schloß« (um 1620) am nördlichen Ortsrand, als Thüngenscher Wohnsitz mit einem terrassenförmig angelegten Garten errichtet, ist in Privatbesitz und nicht zu besichtigen.

Nur wenige Kilometer von Burgsinn entfernt liegt im Auratal hinter Fellen in einer Mulde das bereits 1059 urkundlich erwähnte **Aura im Sinngrund.** Fürstbischof Julius Echter ließ hier, inmitten der wildreichen Wäler, ein Jagdschlößchen errichten, das Johann Philipp von Greiffenclau zu Anfang des 18. Jahrhunderts barock ausbauen ließ. Neben dem »Auracher Schlößchenn« ist der frühgotische Chorraum der St.-Erasmus-Kapelle (13. Jh.) sehenswert.

Zurück nach Burgsinn: Unterhalb des Neuen Schlosses zweigt die Straße rechts ab nach Gräfendorf im Saaletal, von hier aus ist in wenigen Minuten das **Kloster Schönau** erreicht. Neueste Forschungen erweisen das Zisterzienserinnenkloster als eine Thüngensche Gründung (um 1190). Die Rienecker hatten es aber verstanden, die Vogtei an sich zu ziehen. Daher sind etliche Rieneck-Töchter hier untergebracht worden, auch diente es anfänglich als Rieneck'sche Grablege.

Seite 120 oben: *Kloster Schönau war als einstiges Zisterzienserinnenkloster eng dem Haus Rieneck verbunden.*

Unten: *Aus der Wallfahrtskirche Mariabuchen stammt dieses Votivbild, das heute im Spessart – Museum aufbewahrt wird. Dargestellt ist ein nächtlicher räuberischer Überfall auf Fuhrwerke von Kaufleuten.*

Wie andere Nonnenklöster auch, leerte sich Schönau in Folge der Reformation, und im Markgräflerkrieg erlitt es 1553 schwere Zerstörungen. Erst 1699 wurde es wiederbelebt: Franziskaner-Minoriten zogen ein und leben heute noch hier. Sie bauten Kirche und Kloster mit Hilfe ihres Laienbruders Kilian Stauffer, gelernter Kunstschreiner und Stuckmarmorierer, zu Anfang des 18. Jahrhunderts aus, der eine harmonische Kirchenausstattung schuf; gute Altargemälde geben dem hellen Raum etwas Festliches. Gegenüber dem Haupteingang ein ergreifendes Vesperbild (16. Jh.). Als wertvollster Besitz gelten die im rückwärtigen Mönchschor – ein stimmungsvoller Raum aus dem vormaligen Nonnenkloster (spätes 13. Jh.) – befindlichen drei Figuren aus der Riemenschneider-Werkstatt, »Maria Himmelskönigin« zwischen Johannes dem Täufer und Johannes dem Evangelisten. Auf Wunsch werden Besucher gerne eingelassen.

Vom Kloster Schönau nach Gemünden fährt man nur wenige Kilometer durch das Tal der Fränkischen Saale. Die **Stadt Gemünden** sowie die Scherenburg sind eine Rienecksche Gründung (13. Jh.), angelegt als Angriffsbasis gegen das damals gleichfalls um Expansion bemühte Hochstift Würzburg. Mit dem Machtverfall der Rienecker fielen Stadt und Burg an Würzburg.

Der kleine Ort, im vielbefahrenen Tal gelegen, hat immer wieder kriegerische Durchzüge erlebt. Dennoch war das mittelalterliche Stadtbild unter der Burgruine weitgehend erhalten geblieben, durch die türmebewehrte Stadtmauer abgeschirmt, mit reichen Bürgerhäusern in Fachwerk an der Hauptstraße, dem Rathaus von 1596 sowie der spätgotischen Stadtkirche – bis 1945 bei den letzten Rückzugskämpfen im Maintal hier noch verzweifelt Widerstand geleistet wurde und die Amerikaner massiv Bomben und Panzerbeschuß einsetzten. Man hat inzwischen die Altstadt wieder aufgebaut, aber die Wunden im Stadtbild sind unverkennbar, und man spürt die Trauer der Gemündener um das Verlorene, wenn man vor dem Gedenkstein für das Rathaus auf dem kleinen Marktplatz steht, wo in einem Steinblock die Umrisse des Renaissancebaues mit seinen zierlich geschwungenen Giebeln eingeritzt sind. Erhalten geblieben dagegen ist das »Huttenschlößchen«, ein strenggegliederter Barockbau (1711), im Mündungswinkel zwischen Saale und Sinn gelegen. Heute birgt es das interessante Unterfränkische Verkehrsmuseum.

Geöffnet: Di, Mi und Fr 10–17 Uhr, Sa und So 11–17 Uhr.
(Tel. 0 93 51/80 01 50).

Blick von der Scherenburg über Gemünden und das Maintal

Im neuen Wohnviertel oberhalb des Bahnhofs an der Bergflanke ragt kühn die von Diözesanbaumeister Hans Schädel (1953/54)erbaute Dreifaltigkeitskirche über die Stadt hinaus.

Eine weitere Rienecksche Hinterlassenschaft, weithin sichtbar, findet sich jenseits des Mains: die **Burgruine Schönrain.** Sie ist auf zwei Wegen zu erreichen: Vom Dorf Hofstetten aus führt der Maintal-Höhenweg gemächlich zur Burg hinauf; kürzer ist der neuangelegte »Weg für Rollstuhl und Kinderwagen«, der vom Parkplatz etwa einen Kilometer flußabwärts von Hofstetten ausgeht und auf den weiteren Höhenweg trifft. Rieneck hatte im Laufe der Auseinandersetzungen mit dem Hochstift Würzburg Mitte des 13. Jahrhunderts kurzerhand hier über dem würzburgischen Kloster Schönrain (eine Filiale von Kloster Neustadt) an talbeherrschender Stelle eine Burg angelegt, die allerdings später wieder geschleift werden mußte. Im Bauernkrieg wurde das Kloster zerstört, und der letzte Rienecker, Graf Philipp, kaufte die Trümmer auf, um hier ein »festes Amtshaus«, das auch seiner Ehefrau als Witwensitz dienen sollte, zu erbauen. Margaretha von Rieneck-Erbach lebte nach dem Tode Philipps 1559 einige Zeit hier, aber später verfiel die Burganlage. Heute ist es eine sehr romantische Ruine mit schönem Ausblick auf den weiten Bogen des Maintales, auf die Graureiherkolonie am gegenüberliegenden Salzberg und auf die unterhalb der Burg aus dem Tunnel hervorschießenden ICE-Züge, die hier über die Nantenbacher Brücke preschen und im Tunnel des jenseitigen Berges wieder verschwinden.

Und noch ein Vorschlag für Nachdenkliche: Am Fuße des **Einmalberges** zwischen Gemünden und Langenprozelten befindet sich im Wald ein vom Volksbund deutscher Kriegsgräberfürsorge angelegter Soldatenfriedhof. Er birgt über 1000 Gräber von in Unterfranken Gefallenen aller Nationen des letzten Krieges. Und hier, im Frieden der Stille, ruhen sie nebeneinander, die sterben mußten, weil man sie glauben lehrte, sich feind sein zu müssen ...

Der Spessart und das Glas

Im späten Mittelalter war die Glasmacherei das einzige einträgliche Gewerbe auf dem Wald, denn die Spessartgläser genossen weitum hohes Ansehen. Edle Tafelgläser wie die hohen Spechter, Nuppenrömer, die handlichen Meigelein, waren bis nach Holland und England hin begehrt, desgleichen die kunstvollen Stülpflaschen, Kuttrolfe und Kugelflaschen, aus denen der Bocksbeutel hervorging, oder aber gezogenes Glas für Butzenscheiben in dem zartgrün angefärbten »Waldglas«.

Glashütten sind im nördlichen Spessart nachweisbar seit dem späten 12. Jahrhundert. Man arbeitete zunächst in sogenannten Wanderhütten, die rasch aufgebaut waren, und deren Feuer solange brannten, wie die Umgebung Holz lieferte; dann wurden sie aufgegeben und ein Stück weiter neu aufgebaut – man konnte bisher etwa 150 solcher alter Hüttplätze lokalisieren.

Gearbeitet wurde auf den Hütten von Ostern bis Martini, dann war Winterruhe, und die Glaser gingen heim zu ihren Familien (s.S. 25ff.). Schließlich begann man aber, auf den Rodungsplätzen verlassener Hütten die Familien anzusiedeln. So entstanden die Glasmacherdörfer im Wald. 1338 untersagte schließlich Kurmainz die weitere Besiedlung des Spessarts. Nach dem großen Sterben in den Pestjahren um 1345 wuchs die Bevölkerung bald wieder nach, und um 1400 gab es im Mainzischen Spessart schon

*Das Wirtshaus »Zur Knopp-
hütte« im Glasmacherdorf
Jakobsthal ist benannt nach
der »Knopphütte« des Jakob
Fleckenstein, wo einstmals
Glasknöpfe hergestellt
wurden.*

wieder vier Dauersiedlungen von Glasmachern, nämlich Heigenbrücken, Neuhütten, Habichsthal und Wiesthal. Auch Rieneck
errichtete in seinem Gebiet eine Anzahl Glashütten zwischen
Aubach- und Lohrtal.

Zu Beginn des 15. Jahrhunderts gab es schließlich so viele Hütten,
daß die Glasmacher sich veranlaßt sahen, gegen ein wildes Wachstum der Betriebe feste Regeln für die Produktion zu setzen. Es
kam zu der bedeutenden Bundesordnung »der gleser uff und umb
den Spetshart« von 1406. Darin wurde festgelegt, in welcher Arbeitszeit je Feuerloch wieviel an Flaschen, Gläsern oder aber an
gestrecktem Glas für Fenster hergestellt werden durfte. Ein wichtiger Punkt war auch die Ausbildung von Lehrlingen; interessant
ist, daß nur Söhne von Glasermeistern zur Fachausbildung im
Handwerk zugelassen sein sollten – eine frühe Form des Numerus
Clausus. Über die Einhaltung dieses Vertrages sollten die Grafen
von Rieneck wachen als »Vogt der Spessart-Glasmacher«.

Im Dreißigjährigen Krieg ging die Produktion in den Glashütten
stark zurück. Danach aber gab es einen großen Bedarf an Glaswa-

ren, und Mainz erkannte die guten Gewinnchancen: Der Kurstaat gründete nun selbst im Raum Lohr sogenannte »feste Hütten« oder übernahm bereits bestehende – die Zeit der Wanderhütten war endgültig vorbei. Die Mainzischen Hütten stellten das klare Flachglas für Fenster und vor allem für die Spiegelglasmanufaktur Lohr her. Damals waren »Lohrer Spiegel« ein Gütebegriff. Mainz hatte sich nun das Glasmonopol im Spessart gesichert, indem die Regierung 1719 das Betreiben privater Hütten untersagte; sie mußten daraufhin geschlossen werden. Nach dem Ende des Kurstaats Mainz wurden dessen Hütten privatisiert, gingen aber in den unruhigen Kriegszeiten zu Anfang des 19. Jahrhunderts zugrunde. Nur noch einmal blühte die Kunst des Glasmachens im Spessart auf, in der 1806 bei Einsiedel im Hafenlohrtal neu gegründeten Karlshütte: Sie stellte nach alter Tradition anfänglich Flachglas, dann aber Flaschen und Gläser aller Art her, schließlich sogar vorzügliche Tafel- und Schmuckgläser. Aber mit dem ausgehenden 19. Jahrhundert war die Zeit der handwerklich arbeitenden Glasmacher auf dem Spessart vorbei; in Einsiedel wurden 1897 die letzten Hüttfeuer gelöscht. Einzige Reminiszenz an die alte Spessarttradition ist die »Spessart-Glas GmbH.« in Lohr. Sie stellt Industriegläser her, neben hochwertigen Spezialartikeln vor allem Massenware für die Pharma- und Lebensmittelindustrie – bekanntestes Produkt sind die Maggi-Flaschen aller Größen. Das ist geblieben von der hohen Spessartglas-Kultur.

Eine Rundfahrt zu alten Glaserorten

Die folgende Route führt durch die schönsten Täler und Wälder des Hochspessarts, und die ehemaligen armseligen Glaserdörfer haben sich zu freundlichen Erholungs- und Höhenkurorten gemausert.
Von Lohr aus fahren wir über die B 276 nach **Partenstein,** der alten Rieneckgründung Burg »Bartenstein« mit Burgdorf im Tal. Nur noch der gut konservierte Rest eines Mauerstücks erinnert an die Burg, die 1631 von den Schweden zerstört worden war.
Eine kräftige Schwerspatader, die nahe des Ortes erschlossen und bis 1961 abgebaut wurde, war neben sonstigen gewerblichen Kleinbetrieben und dem gutentwickelten Fremdenverkehr eine wichtige Einkommensquelle der Bewohner gewesen. In der alten evangelischen

Schule ist das Heimatmuseum untergebracht; sein Schwerpunktthema: die harte kleinbäuerliche Arbeit auf den kargen Spessartböden und die daraus resultierenden ärmlichen Lebensumstände der Bevölkerung. Eine Besonderheit bietet die Nachstellung eines Stollenabschnitts aus einer alten Schwerspatgrube mit Arbeitsgeräten, Skizzen, Fotografien u.a.

Geöffnet: 15. März bis 15. Dezember. So 14–16 Uhr. Gruppenführungen nach Vereinbarung (Tel. 0 93 55/20 21).

Weiter geht es über die B 276 nach **Frammersbach,** einem sehr alten Ort. Er war bereits im späten Mittelalter für seine Zunft der »Frammersbacher Fuhrleute« bekannt, die unter dem Schutz der Grafen von Rieneck stand. Sie bedienten mit ihren zwei- bis sechsspännig gezogenen Planwagen vorwiegend die Strecke Lohr – Frankfurt – Köln, fuhren aber im Auftrag der Fuggerei Augsburg auch nach Triest und Antwerpen, wo sie sogar ein eigenes festes Haus als Handelsvertretung hatten. Erst als mit dem Aufkommen der Eisenbahn das Frachtfuhrwesen erlosch, bildete sich ein neuer Berufsstand: die Frammersbacher Hausierer. Bevorzugte Handelsware waren Schreibpapiere. Glashütten wurden seit dem hohen Mittelalter in der Umgebung betrieben, weshalb 1349 Erzbischof Gerlach auf dem Bergrücken oberhalb des Ortes eine »Heiligkreuz-Kapelle« errichten ließ (1685 erweitert, Innenausstattung vor einigen Jahren erneuert) mit der Weisung, »die im Walde lebenden Glasmacher« geistlich zu betreuen. So führten denn auch die aus allen Richtungen hier zusammentreffenden Wege die in den Wäldern des Lohr- und Aubachtales hausenden Leute

Grundmauern der Glashütte im Birklergrund wo Flachglas für Fenster und Spiegel erzeugt wurde. Der Schmelzofen ist von vier Nebenöfen umgeben, die zum einen dem Herunterkühlen der Glasscheiben, zum andern dem Warmhalten der Schmelze dienten.

herauf zur schlichten, das Herzland des Spessarts überragenden Kapelle. Immer noch findet die alte Wallfahrt statt am ersten Maisonntag und am Sonntag vor oder nach dem 14. September.

Von Frammersbach ist es nicht weit nach **Wiesen,** gleichfalls ein Mittelpunkt alter Wanderhütten. Entstanden war Wiesen schon sehr früh aus einer Treiber-Ansiedlung bei einem vormaligen Mainzer Jagdschlößchen. So beschaulich heute der hübsche Erholungsort in einer weiten Wiesenmulde unter dem Walde daliegt, so lebhaft ging es einst zu auf der nördlich von Wiesen verlaufenden Kammhöhe: Hier – vom Dr.-Kihn-Platz bis hinter den Wiesbüttsee – haben einmal der Eselsweg und die Birkenhainer Straße ein Stück gemeinsamer Wegstrecke, und Wiesen war ein beliebter Rastort für die »Fernfahrer« von einst gewesen. Ein Ort freundlicher Rast ist es auch heute noch. Südlich von Wiesen, nur zu Fuß über den Wanderweg Nr. 41 (Bad Orb – Heigenbrücken mit blauem Querstrich) zu erreichen, liegt im Birkler Grund die Ausgrabungsstelle der »Birklergrund-Glashütte« aus dem 18. Jahrhundert.

Von Wiesen geht es hinauf zur Spessart-Höhenstraße. Ihr in südlicher Richtung folgend, sieht man vom Rande der alten Rodungen hinunter auf die friedlich in Talmulden gebetteten Dörfer **Heinrichsthal** und **Jakobsthal,** die im späten 17. Jahrhundert von den Brüdern Fleckenstein bei ihren Glashütten gegründet wurden. In Jakobsthal hatte man sich auf Glasknöpfe spezialisiert, weshalb sich heute noch ein Gasthaus »Knöpphütte« nennt.

Heigenbrücken, vormals ebenfalls ein Zentrum der Glashütten, ist heute der führende Höhenluftkurort des Spessarts mit zahlreichen Gasthöfen und Pensionen, mit einer Kneippanlage, einer großen Freizeit-Sportanlage, Wildgehege und einem Netz gepflegter Rundwege. Unterhalb des Ortes weitet sich das Tal des westlichen Quellarms der Lohr zu einem breiten Grund aus, durch dessen Sauerwiesen in großen Schlingen der Bach mäandriert, ein nur noch selten zu sehendes Bild eines natürlichen Bachlaufes. Hier ist das Tal, streckenweise unter Naturschutz gestellt, noch ein Refugium für Amphibien, Wiesenbrüter und bunte Falter – leider sehr lärmgestört von pausenlos dahinratternden Zügen und dem lebhaften Autoverkehr.

Neuhütten, auch zu den ganz alten Glasmacherorten zählend, besaß jahrhundertelang eine kleine Kostbarkeit: Ein Kreuzsplitter mit romanischer Fassung in Email- und Treibarbeit (12. Jh.). Das Original wanderte Anfang dieses Jahrhunderts nach München ins National-

Jakobsthal, ein typisches Glasmacherdorf des Spessarts im Talgrund. Die Glashütten waren in der Regel höher im Wald nahe von Quellen angelegt.

museum ab; die Kirche besitzt aber eine originalgetreue Kopie des »Kreuzpartikel«, die auf Wunsch Besuchern gezeigt wird. (Tel. Anfrage 06020/1543, Pfarramt Neuhütten).

Im Ort führt die Abfahrt rechts Richtung Bischbornerhof, ein an der B 26 (Aschaffenburg – Lohr) gelegenes beliebtes Ausflugs- und Speiselokal, das als »Wirtshaus uff der Straßen« seit Ende des 17. Jahrhunderts besteht.

Letzter Ort vor Lohr ist **Rechtenbach,** eine Mainzer Gründung von 1682 für die Familien hugenottischer Glasmacher, die sich auf die Anfertigung von blasenfreiem Flachglas verstanden für die »Mainzer Spiegelglasmanufaktur Lohr«. Nach Stillegung der Hütten herrschte hier zunächst große Not, bis der im 19. Jahrhundert aufkommende Eisenbahnbau neue Arbeit brachte, als »Schwellenhauer« begehrte Facharbeiter waren. Bis zu 70 Prozent der Männer von Rechtenbach gingen damals diesem harten Beruf nach, der Kraft und Geschick erforderte. Heute schlägt niemand mehr im Wald Eisenbahnschwellen aus Holz – heute ist Rechtenbach eine reine Vorortsiedlung von Lohr, wohin man »schaffen geht«.

Wo der Spessart zu literarischen Ehren kam: das Hafenlohrtal

Das Hafenlohrtal sollte man tunlichst, dem Lauf des Wassers folgend, von der Quelle bis zur Mündung durchfahren. So empfiehlt es sich, von Lohr aus über die B 26 den Hochspessart anzufahren. Kurz nach dem Waldparkplatz »Niklaskreuz« folgt die große Kreuzung, an der man links abbiegt in Richtung Rothenbuch. In der Wiesenmulde zwischen Fahrstraße und den ersten Häusern des Ortes sammeln sich Sickerquellen zum schmalen Bach: Die Hafenlohr hat das Licht der Welt erblickt.

Rothenbuch entstand bei einem mainzischen Jagdschloß und gehört zu den ältesten Siedlungen des Spessarts, obwohl der Name urkundlich erstmals 1318 genannt wird. Im 15. Jahrhundert wurden die wichtigsten Jagd- und Forstbehörden hierher verlegt; schließlich wurde Rothenbuch auch ein wichtiger Halt und Rastort an der alten Landstraße Aschaffenburg – Lohr. Die großen Staatsjagden der Mainzer Kurfürsten, bei denen den »Jägern« das schon Tage vorher zusammengepferchte Wild in Rudeln vor die – von Dienern unaufhörlich nachgeladenen – Flinten getrieben wurde, hielt man mit Vorliebe in den Rothenbucher Revieren ab. Anstelle des eng gewordenen Jagdschlößchens ließ Erzbischof Daniel Brendel 1566/67 das stattliche Schloß Rothenbuch erbauen, das wir heute noch vor uns sehen. Still wurde es in Rothenbuch, als die kurfürstlich-mainzische Herrlichkeit ein Ende nahm. In bayerischer Zeit beließ man gerade noch ein Forstamt im Ort, sonst aber versank Rothenbuch in Bedeutungslosigkeit, nachdem auch die neue Landstraße weit am Ort vorbeigeführt wurde. Die berüchtigte Spessart-Armut zog auch hier in die Häuser ein. Das änderte sich erst Mitte unseres Jahrhunderts, als verbesserte Verkehrsanbindungen und der aufkommende Fremdenverkehr neue Verdienstmöglichkeiten schufen. Ins alte Schloß der Kurfürsten, das über hundert Jahre als Kinderheim gedient hatte, ist jetzt ein Hotelbetrieb für gehobene Ansprüche eingezogen. Sehenswert ist in der 1861 erbauten Kirche ein ungemein ausdrucksvolles Vesperbild (um 1700), ferner ein zweiteiliger Taufstein ungeklärter Herkunft, der an Fuß und Oberteil Renaissance- und Barockelemente aufweist; interessant auch der Versuch der zeitgemäßen künstlerischen Gestaltung des Hochaltars aus heimischem Buntsandstein.

Das Rinnsal der jungen Hafenlohr bildet erst da das eigentliche Hafenlohrtal, wo von Weibersbrunn kommend der ebenso schmale

Pietà in der Pfarrkirche
von Rothenbuch

Steinbach einmündet. Man könnte aber auch einen Abstecher nach
Weibersbrunn machen, jenem mitsamt der Glashütte 1710 gegründeten Glasmacherdorf, das in seiner Kirche eine erstaunlich wertvolle
Kreuzigungsgruppe von 1470 besitzt, eine späte Erwerbung, die dar-
tut, wie die armen Leute auf dem Spessart bereit waren, für Glauben
und Kirche Opfer zu bringen. Die Armut hat nun auch in Weibersbrunn ein Ende gefunden, seit die unmittelbar am Ortsrand vor-
beiführende Autobahn mit Anschlußstelle den Weibersbrunnern die
Tür zur Welt eröffnet hat. Von Weibersbrunn folgt die Straße dem
hübschen Steinbachtal mit der fotogenen Steinmühle bis zum Tal-
knick, wo die Bäche zusammenfließen und das eigentliche Hafenlohrtal beginnt.
Kein Spessarttal, über das heute so viel geredet wird wie darüber. Der
von der Landesregierung seit den 70er Jahren geplante Bau eines Was-

serspeichers im unteren Teil des Tales zur Sicherung kommenden Trinkwasserbedarfs ist auf das heftigste umstritten. Seine Notwendigkeit wird auch von ernstzunehmenden Sachverständigen deutlich in Zweifel gezogen. Also muß man fragen: Cui bono? Wie heute üblich: Gut ist es vor allem für die, die damit ihr Geschäft machen wollen. Dafür soll bedenkenlos die geschlossene Landschaft eines der schönsten Spessarttäler geopfert werden mit dem Hinweis, später, wenn der Stausee gefüllt sei, könne man ja hier seine Freizeit zubringen mit Boot- oder Trampolinofahren auf dem See. Weitere Geschäfte wären zu erwarten ...

Noch aber finden die Naturfreunde hier ihr Eldorado: die Ornithologen, die von Eisvogel, Wasseramsel, Braunkehlchen und anderen gefiederten Raritäten schwärmen. Nicht minder gerühmt wird von Biologen die Vielfalt der Amphibien des Tales und der hier noch vorkommenden seltenen Gliederfüßler. In Entzücken gar verfallen die Botaniker, wenn sie die verschiedenen Pflanzengesellschaften der Feuchtwiesen im Talgrund, die Trockenrasenflora der ansteigenden Hänge, die abwechslungsreichen Farnvorkommen an verschatteten Stellen beschreiben. Man hat festgestellt, daß in dem begrenzten Raum Hafenlohrtal allein 20 gesetzlich geschützte Pflanzenarten leben. Allein die Tatsache der noch weitgehend unversehrten Natur in der Harmonie der Landschaft mit ihrem sanften Wiesental inmitten weiter Wälder rechtfertigt für viele die Erhaltung des Hafenlohrtales, eine Landschaft, für die Kurt Tucholsky das vielzitierte Wort vom »innigen deutschen Streichquartett« gefunden hatte.

Dem werden neuerdings immer mehr Mollakkorde beigegeben: Nachdem nun durch die Stausee-Kampagne immer mehr Menschen die stille Schönheit des Hafenlohrtales entdeckten, lieben es diese »Entdecker«, mit dem Auto die Talstraße entlangzubrausen, und die Stille ist dahin. Da hilft nur eines: vor lauten Naturfreunden in die holzgetäfelte Gaststube der »**Lichtenau**« zu flüchten und sich trösten zu lassen von den frischen Erlenbacher und Homburger Weinen, die hier ausgeschenkt werden. Sie »möpseln« (körkeln) unter Garantie nicht, da irrten Tucholsky und seine beiden Wanderfreunde Karlchen und Jakopp, die bei ihrer mehrtägigen Spessartwanderung vor nunmehr rund 70 Jahren hier in der Lichtenau Standquartier genommen hatten und zu mitternächtlicher Stunde dem Wirt mit ihren Möpsel-Flaxereien schwer zusetzten. Ein altes Foto in der Gaststube erinnert noch an die drei trinkgewaltigen Sommergäste und an die von Tucholsky literarisch verklärte Spessartreise. Die Gebäude der Lichtenau, im 18. Jahrhundert gegründet als kurmainzisches Gestüt – ebenso wie das benachbarte Hofgut Lindenfurt – dienten im letzten Jahrhundert den Rexroths als Eisenhammer (s. S. 74 ff.). Nach deren Aufgabe des Lichtenau-Hammers wurde das behagliche alte Hauptgebäude, bei dem eine kleine barocke Kapelle steht, zur Gastwirtschaft ausgebaut. Sie ist immer noch ein beliebtes Speiselokal – Wildgerichte und frische Spessart-Forellen sind seine Spezialität – und Hotel für zünftige Wanderer. Nach kurzer Fahrt talabwärts erreichen wir den Weiler **Einsiedel**, dessen verstreut liegende Häuser beschaulich aus dem Grün der Bäume hervorlugen. Nur die ganz zuoberst stehende neugotische Kirche erinnert an die Glanzzeit des Weilers, als im neunzehnten Jahrhundert

Eine Einkehr in der Lichtenau lohnt sich nicht zuletzt wegen der Wildschwein-spezialitäten.

die Karlshütte als letzte Glashütte des Spessarts vielen Menschen hier Arbeit und Heimstatt geboten hatte (s.S. 126).

Hinter Einsiedel verengt sich das Tal, das Bett der breiter gewordenen Hafenlohr liegt voller Felsbrocken, und der bis an die Ufer herabgestiegene Wald wirft grüne Schatten darüber – ein idealer Lebensraum für Amphibien und Flachwasserfische – dies ist der Talabschnitt, der überflutet sein wird, wenn denn der Wasserspeicher doch gebaut werden sollte.

Ehe das Hafenlohrtal sich zum Maintal hin öffnet, findet sich noch bei Windheim ein kleiner Fürstlich Loewensteinscher Tierpark, in dem Schaufütterungen stattfinden – den Kindern zur Freude.

Bei dem zweifellos alten Ort **Hafenlohr** – Funde von Tonscherben weisen auf eine Töpfertradition seit frühester Zeit ähnlich wie in Marjoß im Nordspessart – haben wir das Maintal erreicht. Schöne alte Häuser und Höfe verraten Wohlhabenheit des an der Straße Lohr – Marktheidenfeld liegenden Ortes. Einige der Häuser sind auch zur Straße hin bunt dekoriert mit bemalter Irdenware, phantasievolle Produkte oftmals, die wenig mit Küchengeschirr für den täglichen Gebrauch gemein haben. Aber den Leuten gefällt's.

Ohne Zweifel, die Hafenlohr bildet eines der schönsten Spessarttäler. Aber ohne ihm etwas nehmen zu wollen, sei zum Abschluß des Kapitels doch eines bemerkt: Der Spessart hat noch mehr Täler mit gleich unberührter Landschaft, gleich unverdorbener Tier- und Pflan-

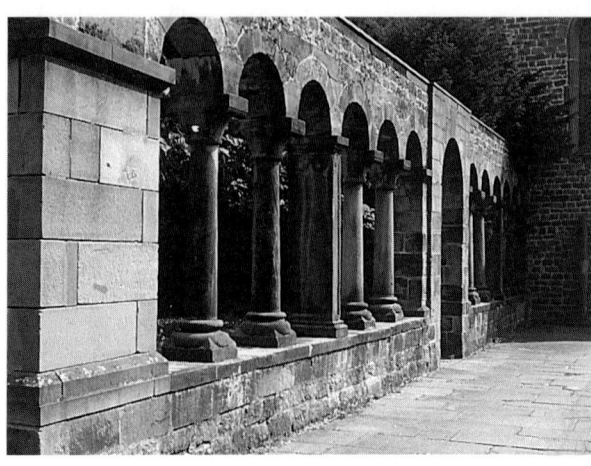

*Der wieder-
errichtete Teil des
einstigen Kreuz-
gangs neben der
Klosterkirche
Neustadt am Main*

134

zenwelt, gleichem Erholungswert für die Wanderer – nein, noch höherem: keine Autostraße macht sich in ihnen breit, zieht keine Touristen mit all den negativen Nebenerscheinungen herbei. Das sind, um nur einige zu nennen, das liebliche Aubachtal zwischen Wiesen und Wiesthal, das Hasel- bzw. Haßlochtal im Südspessart und das allerschönste vielleicht, dem Hafenlohrtal sehr ähnlich, das Schondratal, das zwar von der Vorrhön herabkommt, in seinem Unterabschnitt mit Eintritt in den Buntsandstein (und zugleich in den »Naturpark Spessart«) jedoch auch zu den Spessarttälern gerechnet werden muß.

Die Umfahrung des Mainvierecks: Von Lohr über Wertheim nach Miltenberg

Eilige fahren die Talstrecke leicht in einer Stunde. Allerdings wäre es schade drum, denn nirgendwo ist das Maintal so abwechslungsreich und malerisch wie dort, wo im sogenannten Mainviereck der Fluß den Spessart förmlich »umarmt«. Wie Perlen auf der Schnur reihen sich entlang des Mains Burgen, Dörfer und kleine Städte, die viel zu erzählen haben von der bewegten Geschichte dieser schönen Landschaft und von manchen Machtkämpfen der hier aufeinanderstoßenden Herrschaftsbereiche des Fürstbistums Würzburg, der Reichsgrafschaft Wertheim und des Erzstiftes Mainz.

Die erste »Perle«, knappe zehn Kilometer von Lohr entfernt, ist **Neustadt am Main,** genauer gesagt, die einstige Benediktinerabtei zu »Nivenstatt«. Die vormalige Klosterkirche und heutige Pfarrkirche St. Michael und Gertrud bestimmt mit ihrer mächtigen doppeltürmigen Anlage das Bild des kleinen Ortes, eingebettet in das Grün von Waldhängen und Uferwiesen. Die Abtei wurde gegen 790 von Megingoz, dem zweiten Bischof von Würzburg, gegründet. Die fromme Sage siedelt die Klosterstätte an der Stelle einer Jagdhütte Karls des Großen an, als dessen Stiftung gewissermaßen, und seine Schwester Gertraud sollte der Abtei ihren besonderen Schutz zugesagt haben – daher im Klosterschatz der lange Zeit als Reliquie verehrte »Mantel der hl. Gertraud«. Zumindest die Geschichte von der Schwester Karls ist historisch absolut unhaltbar, und auch der Rang als »Königskloster« wurde von Anfang an in Zweifel gezogen. Im Jahr 993 reklamierte das Hochstift Würzburg Neustadt als Eigenkloster (da von dem Würzburger Bischof Megingoz gegründet), und dabei blieb es bis zur Säkularisation

1803. Gegen 1100 erfuhr die Klosteranlage eine völlige Umgestaltung; neben der karolingischen Kirche (mit dem für jene Zeit außergewöhnlich mächtigen Vierungsturm) wurde eine frühromanische Basilika errichtet. Letzte Überreste dieses Baus finden sich noch in der heutigen Kirche, die ihr Aussehen 1872 nach einem verheerenden, durch Blitzschlag ausgelösten Brand (1857) erhalten hatte. Imponierend sind die teilweise noch aus der Basilika übernommenen Stützreihen, die im Wechsel von Pfeiler und Säulen aus schweren roten Sandsteinquadern dem Innenraum etwas Majestätisches verleihen. Sehenswert ist auch die Kopie des romanischen Taufsteins aus dem 12. Jahrhundert (das Original steht im Mainfränkischen Museum Würzburg). Relieftafeln aus der einstigen Chorschranke (12. Jh.) zeigen den Traum des hl. Martin, St. Martin als Bischof und St. Martin als Ritter, der mit dem Bettler den Mantel teilt.

In dem 1975 über dem ehemaligen Kapitelsaal eingerichteten Lapidarium befinden sich neben dem »Gertrauden-Mantel« interessante Steinfragmente aus den Vorgängerkirchen, zusammengetragen mit großem Engagement von Pfarrer Langhans. Das Lapidarium ist nach Anfrage zu besichtigen. (Tel. 0 93 93/5 30 / Pfarramt oder 506). Im Gärtchen neben der Kirche sollte man den wiederhergerichteten romanischen Arkadengang und die freigelegten Grundmauern der karolingischen Kirche bei dem alten Vierungsturm (8./9. Jh.) abschreiten und der Stille des Ortes nachspüren.

Die 1907 in die angrenzenden Gebäude eingezogenen Missionsdominikanerinnen betreuen neben ihrem überregionalen Noviziat auch ein Reha-Zentrum des Caritasverbandes Würzburg für psychisch kranke Jugendliche.

Der Klostervogt für Neustadt hatte seine Residenz auf der 1148 von Marquardt von Grumbach auf einer Felsnase über dem Maintal errichteten **Burg Rothenfels.** Als etwa hundert Jahre später die Grumbach-Erbtochter Ludwig III. von Rieneck ehelichte, begründete dieser

Seite 137 oben: *Burg Rothenfels*

Unten links: *Reichgestaltete Hausmadonna – eine Krönung Mariens – in Stadt Rothenfels*

Unten rechts: *Wo Steinbach und Hafenlohr zusammenfließen, zeigt das Tal sich in unberührter Schönheit.*

die Linie Rieneck-Rothenfels. Nach deren Erlöschen zog das Hochstift Würzburg Burg und Stadt Rothenfels an sich.

Der Stadt **Rothenfels** stiftete 1599 Fürstbischof Julius Echter das stattliche Siechenhaus, das heute noch als Altenheim dient. 1598 ließ die Bürgerschaft ein neues Rathaus erbauen, ein Renaissancegebäude mit einem prachtvollen säulengeschmückten Portal zur Hauptstraße hin, und 1610/12 folgte der Neubau der Pfarrkirche als lichte Hallenkirche mit einigen sehr wertvollen Ausstattungsstücken; der spätgotische Chor mit reichem Netzgewölbe der Vorgängerkirche wurde integriert. Dies alles spricht für den Wohlstand der einstigen Fischer- und Schifferstadt ebenso wie die behaglichen Fachwerkhäuser und kunstvollen Wirtshausschilder. Aber die Lokale entlang der Hauptstraße stehen heute leer – kaum anderswo wird so wie hier deutlich, wie starker Durchgangsverkehr das Leben eines Ortes zerstören kann: Die seit je »kleinste Stadt Bayerns« zeigt nach amtlicher Statistik den stärksten Einwohnerschwund im ganzen Landkreis Main-Spessart.

Die Burg Rothenfels, seit den frühen 20er Jahren im Besitz des Quickborn-Bundes, wurde von diesem zu einer Begegnungsstätte ausgebaut. Sie ist ein Zentrum geistiger Kontakte im Sinne einer undoktrinären Christlichkeit – der Geist Romano Guardinis, der zu ihren großen Förderern gehört hatte, ist immer noch lebendig auf »seiner Burg«. Das ehemalige Burgdorf Berg-Rothenfels ist heute eine beliebte Sommerfrische dank der schönen Umgebung, vor allem der Spessart lockt zu näheren und weiteren Wegen durch die Fürstlich Loewensteinschen Wälder, etwa in das untere Hafenlohrtal, oder zur Karlshöhe mit ihrem herrlichen Eichenwald und einer rustikalen Gartenwirtschaft, ferner zu den beliebten Ausflugszielen Forsthaus Aurora oder Margarethenhof, die von hier aus Tagestouren sind im Gegensatz zum näherliegenden Ausgangsort Neustadt.

Weiter geht die Fahrt mainabwärts. In wenigen Minuten ist das linksmainische **Marktheidenfeld** erreicht. Bei einem uralten Flußübergang, wo frühe Handelswege den Main kreuzten, wo sich der dunkle Spessartwald und das offene Korn- und Weinland Frankens begegnen, entstand früh schon eine Siedlung, die von den Reisenden zu Wasser und zu Land profitierte. Anfänglich war der kleine Ort der einstigen Propstei Holzkirchen, seit karolingischer Zeit Filiale der Reichsabtei Fulda, abgabepflichtig. In der Zeit zwischen dem 13. und dem frühen 17. Jahrhundert hatten die Grafen von Wertheim die Hand darauf gelegt, ab 1612 gehörte er zum Hochstift Würzburg und fiel mit diesem

1814 an das Land Bayern. Immer noch blühen Handel und Gewerbe in Marktheidenfeld, die den Einwohnern einen gewissen Wohlstand beschert hatten: Der gemütliche Marktplatz mit seinen breit hingesetzten Bürgerhäusern verrät es ebenso wie die reich ausgestattete Pfarrkirche St. Laurentius. Sehenswert ist das 1745 von einem reichen Weinhändler in der Untertorgasse errichtete Wohnhaus, das sogenannte Flasch-Haus mit seiner vornehmen Barockfassade, das im Obergeschoß einen Festsaal hat mit schönen Stukkaturen, ein großes Deckengemälde zeigt das Versöhnungsmahl Josephs mit seinen Brüdern, und auf den Gobelinstoff der Wandbespannung sind Szenen aus der Comedia dell'Arte aufgemalt. (Derzeit im Umbau, später Besichtigung möglich, tel. Auskunft 0 93 91/5 00 04 15.) Ein weiterer Anziehungspunkt in Marktheidenfeld ist der weitläufige Komplex von Sport- und Freizeitanlagen am Rande der Stadt, Maradies, der täglich viele Besucher anzieht.

Modernes Sakraments-
gehäuse in der St. Josefs-
kirche, Marktheidenfeld
(Hans König, Klingenberg)

Freunde moderner Sakralkunst finden in der aus den 60er Jahren stammenden St.-Josefs-Kirche im etwas höher liegenden neuen Stadtteil, die ihre zeitgemäße Stahlbetonkonstruktion bewußt betont, in der Unterkirche die von Kunstkennern sehr geschätzte Tabernakelwand von dem Klingenberger Bildhauer Hans König. Es ist ein großes Relief in Aluminium gegossen, das mit plastischen Lineaturen das aus

Glas gestaltete Sakramentsgehäuse umrahmt und durch spielende Lichtreflexe von geheimnisvollem Leben durchpulst erscheint. In **Lengfurt,** nächster Ort links des Mains, führt die Straße über den schmalen Marktplatz mit zwei Denkwürdigkeiten: Einmal ist es eine bemalte Hausfassade, Napoleon darstellend, der bei Lengfurt seine Armee auf dem Wege nach Rußland 1812 über die Mainfurt mit entsprechendem Imponiergehabe dirigierte. Zum andern ist es eine reich skulptierte Pest- oder Dreifaltigkeitssäule, gestaltet von Jacob van der Auvera, Würzburg (1728) nach Angaben des Stifters, einem offensichtlich Wien verbundenen Ritter von Neuff, der auch der Pfarrkirche ein wertvolles Altarkreuz Wiener Schule aus Elfenbein (um 1730) gestiftet hatte. Der schöne Baldachinaltar mit der Figurengruppe der Taufe Christi stammt von Johann Peter Wagner, Würzburg.

Heute führt bei Lengfurt eine Brücke über den Main. In wenigen Minuten kann man das auf der jenseitigen Anhöhe liegende vormalige Augustiner-Chorherrenstift **Triefenstein** erreichen, das 1102 vom Würzburger Stift Neumünster gegründet wurde. Nach schweren Kriegsbeschädigungen erfolgte ein Neubau im späten 17. Jahrhundert unter Josef Greising und Valentin Pezzani. Hundert Jahre später erhielt die Kirche eine bemerkenswerte klassizistische Ausstattung. Eine Besichtigung ist nur möglich nach vorheriger Absprache bei der Ev. Christusträger-Bruderschaft (Tel. 0 93 95/80 81).

Die Straße führt ab Lengfurt vorbei an den Lengfurter Kalkwerken, die hinterrücks sich tief in den Kallmuthberg eingefressen haben, und unter dem zum Main hin in einem weitgezogenen Bogen steil zum Fluß abfallenden Prallhang des Berges nach **Homburg.** An ihm reift der köstliche Homburger Kallmuth heran, der seine Eigenart der geologischen Struktur des Berges verdankt: In dem zwiefarbenen Hang überlagern die untersten Kalkbänke des Muschelkalks die obersten

Seite 140 oben links: *Am zwiefarbenen Kallmuthberg bei Homburg (Muschelkalk über Buntsandsteinschichten) gedeiht ein vorzüglicher Wein.*

Oben rechts: *Blick vom Kreuzwertheimer Mainufer auf das jüngere Wertheim*

Unten links: *Die Henneburg über Stadtprozelten und dem Maintal*

Unten rechts: *Aus dem dauerhaften »Miltenberger Buntsandstein« wurden hierzulande seit jeher Burgen und Kirchen erbaut.*

Schichten des Buntsandsteins. Regen und Sickerwässer schwemmen in den Boden Kalkanteile ein, so daß die Wurzeln der Weinstöcke mit den mineralischen Bestandstoffen beider Gesteinsarten genährt werden, die dem Wein ein unvergleichliches Bukett verleihen. Homburg, eine kleine malerische Stadt um eine Burgruine geschart, war früher Sitz eines Amtmannes des Hochstifts Würzburg. Die auf einem senkrecht zum Tal abbrechenden Kalksinterstock stehende Burg wurde zur gleichen Zeit des Klosters Triefenstein gegründet und war Amtssitz des Klostervogts, dem später die Befugnisse als Amtmann für das würzburgische Amt Triefenstein zufielen. Der talbeherrschende Wohnbau in kunstvollem Fachwerk wurde um 1564 neben der Ruine der verfallenen Burg vom damaligen Amtmann Philipp von Gebsattel errichtet. Sehr schön ist der Ausblick von der Terrasse unter dem Bergfried: Zur rechten über dem Mainbogen die steilen Terrassen der Kallmuth-Rebgärten, zur Linken aber erheben sich schon über Wiesen und Felder die dunklen Höhen der Spessartwälder. In der Felswand unter der Burg wird eine kleine Grotte gezeigt, in der nach einer Legende der erste Würzburger Bischof, Burkardus, auf einer Reise mainab im Jahr 754 übernachtet haben und verstorben sein soll.

Der nächstfolgende kleine Ort **Urphar** gegenüber der topografisch auffallenden »Mainschleife von Urphar« (s. S. 16) gilt als uralter Sicherungsposten eines einstigen Mainübergangs. Unbedingt sehenswert ist die im 13. Jahrhundert als Kirchenburg erbaute Kirche St. Jakob. Die wertvollen Fresken in Chorraum und Langschiff stammen aus dem 13. bis 15. Jahrhundert, gleichfalls die Darstellung der Geheimen Offenbarung im Apsisrund. Das Altarkreuz (um 1400) ist berühmt dafür, daß es je nach Blickrichtung des Betrachters zu lächeln scheint. In **Eichel**, nächste »Perle« unserer Route, liegt abseits der Durchgangsstraße die alte Kirche St. Veit mit wehrhaftem romanischem Turm und dem später gotisierten Kirchenschiff. Das Tympanon über dem Nordportal dürfte von einer Vorgängerkirche aus dem 10. Jahrhundert stammen; eine archaische Arbeit, die eindrucksvoll die Verbindung christlicher Symbole mit solchen aus der germanischen Mythenwelt zeigt. Kurz hinter Eichel zieht sich bis an die Straße herunter das Gräberfeld des jüdischen Friedhofs (seit 1400 belegt), aber seine Melancholie geht unter im lauten Straßenverkehr: Wertheim ist erreicht. Obwohl **Wertheim** nur zum Spessart hinüberschaut, gehört es doch in unser Programm, denn die Grafschaft Wertheim griff weit in den Spessart aus. Begonnen hat aber die Geschichte Wertheims in der klei-

In Lengfurt erinnert das Wandbild an einem Haus am Marktplatz an das Übersetzen der Armee Napoleons über den Main im Januar 1812

nen Fischersiedlung »Werde« auf dem rechten Mainufer. Diesem würzburgischen Flecken verlieh mit der Urkunde von 1009 Kaiser Heinrich II. das Marktrecht, für jedermann erkennbar an dem hohen Kreuz, das fortan auf dem Marktplatz errichtet wurde als Zeichen für Recht und Ordnung des Reiches. Ein solches hohes Kreuz steht auch heute noch auf dem freien Platz vor der Kirche. Zu Anfang des 12. Jahrhunderts erhielt ein Graf Wolfram aus einem ungenannten Geschlecht die Genehmigung des Königs, auf einer Bergnase oberhalb des Zusammenflusses von Main und Tauber eine Burg zu errichten sowie darunter einen dazugehörenden Ort für Burgleute und Handwerker. Er übernahm den Ortsnamen des rechtsmainischen Marktfleckens Werde (fränkische Aussprache von Werd- oder Wertheim); dieser nannte sich fortan Kreuzwertheim zur Unterscheidung von der neuen Siedlung »Wertheim« links des Maines – denn Graf Wolfram hatte, der Sitte seiner Zeit gemäß, von der durch ihn erbauten Burg Wertheim den Namen als Geschlechternamen übernommen: Graf von Wertheim. Unter den Stauferkaisern, denen die Wertheimer Grafen treu dienten, mehrten sich Besitz und Macht des Geschlechtes erheblich. Dies führte zu lang anhaltendem Streit mit dem Hochstift

Freitreppe des Alten Rathauses von Wertheim, in dem heute das »Stadt- und Grafschaftsmuseum« untergebracht ist

Würzburg, in dessen Grenzgebiet gegen das Erzstift Mainz sich die Wertheimer einnisteten, was auch von Mainz argwöhnisch beobachtet wurde. Vielleicht war es gerade der ständige Streit mit den geistlichen Nachbarn mainauf und mainab, der Graf Georg II. veranlaßte, frühzeitig – schon 1523 – die Reformation in seinem Territorium einzuführen.

Nach dem Tod Graf Michaels III. im Jahr 1556 spaltete sich das Haus Wertheim in eine katholische Linie Löwenstein-Wertheim-Rosenberg mit heutigem Wohnsitz in Kleinheubach, sowie in eine evangelische Linie Löwenstein-Wertheim-Freudenberg mit Wohnsitz in Kreuzwertheim. Die Reichsgrafschaft Wertheim aber wurde bei der 1803 auf Napoleons Geheiß durchgeführten Neugestaltung des Reiches seiner Souverinität beraubt; die rechtsmainischen Besitzungen der vormaligen Grafschaft Wertheim wurden dem Königreich Bayern zugeschlagen, die linksmainischen mit der Stadt Wertheim dem Großherzogtum Baden.

Nun wollen wir uns ein wenig in Wertheim umschauen: Für eilige Reisende führt der Weg meist vom Parkplatz unter dem Spitzen Turm, Teil der ältesten Stadtbefestigung (um 1200), durch malerische Gassen und Winkel hin zum langgestreckten Markt, der eigentlich die Hauptstraße ist. Und überall die köstlichsten Fachwerkhäuser, ein jedes eine Persönlichkeit für sich! Der Weg zur Stiftskirche führt vorbei am Engelsbrunnen. Es ist ein Ziehbrunnen von 1574, buntsandsteinrot, mit pummeligen Engeln auf dem Schmuckgebälk und allegorischen Göttergestalten, nebst dem sehr irdischen Brunnenstifter, dem weisen Ratsherrn Matzer. Auch sei ein Blick auf das stattliche »Haus der vier Gekrönten« geworfen, gleich links von dem Brunnen – Köpfe aller Art, freundliche und bös dreinschauende, stehen hier als schmückendes Element an Hausfronten hoch im Kurs! Gegenüber liegt das vormalige Rathaus mit schöner Freitreppe, darin jetzt das »Historische Museum für Stadt und Grafschaft Wertheim« untergebracht ist, das u.a. auch über eine Sammlung von Modersohn-Gemälden verfügt.

I Geöffnet: Di bis Fr 10–12 Uhr und 14–16 Uhr. So nur 14–16 Uhr.

Die Stiftskirche wurde in schwerer Gotik ab 1384 über einer Vorgängerkirche erbaut. Nur im Chor, am Baldachin über dem Hauptportal und im zierlichen Fenstererker der Heiliggeistkapelle im Turm erweist sich die gotische Lust zum Fabulieren in Stein. In dieser Kapelle steht die »Wertheimer Madonna« (frühes 14. Jh.) von fast anmutiger

Derbheit. Interessant sind im Kirchenschiff die rund 25 Epitaphien und Gedenktafeln für Wertheimer Grafen und Gräfinnen – absoluter Blickfang ist die »Bettlad«, ein den Chor füllendes Grabmal mit reich geschmücktem Baldachin aus Alabaster über den in Lebensgröße aufgebahrten Figuren von Graf Ludwig II, († 1611) und seiner Gemahlin Anna von Stollberg-Wertheim († 1599); ein großartiges Werk von Michael Kern aus Forchtenberg. Links der Stiftskirche die spätgotische Kilianskapelle (1472), deren Obergeschoß 1604 ausgebaut wurde zur Lateinschule für Söhne von Stand.

Für Liebhaber des Spessartglases ist ein Besuch des Glasmuseums Wertheim unbedingt zu empfehlen. Gleich hinter der Kirche liegt es in der Mühlgasse, noch vor dem Komplex der einstigen Gräflichen Hofhaltung, in der heute das Rathaus ist. Im diesem Museum werden neben Beispielen von Spessartgläsern Glaswaren aus aller Welt gezeigt, auch moderne technische Produkte der Glasfabriken im benachbarten Wertheim-Bestenheid. Gelegentlich kommt ein Glasbläser und führt die alte Technik des Glasblasens vor.

Geöffnet: April bis Oktober täglich außer Mo von 10.30–12 Uhr und 14–16 Uhr (Tel. 0 93 42/68 66).

Das vielleicht Schönste von Wertheim ist aber ein Blick von der Burgterrasse hinunter auf die verwinkelte Stadt, auf Tauber- und Maintal und die weiten Wälder des Spessarts jenseits des Flusses. Der Aufstieg ist steil, oben aber belohnt die Mühe ein kühler Trunk in der Schloßschenke. Die Burg wurde im Dreißigjährigen Krieg von den kaiserlichen Truppen zerstört, doch auch die Ruine, an der zur Zeit restauriert wird, ist noch im Verfallszustand imponierend – und läßt nachdenken über Aufstieg und Untergang aller menschlichen Macht. Man sollte einmal hier oben gestanden haben.

Von Wertheim nach Miltenberg

Eilige Autofahrer werden eine der beiden Uferstraßen wählen, wobei die linksmainische durch weniger Ortschaften führt als die rechtsmainische. Wer sich aber Zeit nehmen will, sollte das Auto stehenlassen und die Strecke mit einem der hübschen weißen Personenschiffe fahren. Die Rückfahrt zum Ausgangspunkt dauert mit dem Eilzug gerade mal eine halbe Stunde.

Welch ein anderes Fahrgefühl, auf Deck eines solchen Schiffchens zu

146

sitzen und in gemächlichem Tempo Wiesen, Felder und Wälder an sich vorüberziehen zu sehen, die adretten Ortschaften – »Dorf« wagt man sie schon gar nicht mehr zu nennen, trotz ihres Kranzes von Bauerngärten und Streuobstwiesen vor der grünen Wand der Spessarthöhen. Sommerwolken, die sich im braungrünen Wasser spiegeln, und perlgraue Reiher hie und da im Uferschilf, die tiefernst ins Wasser starren ... Auch wenn der Fluß heute ein vielbefahrener Streckenabschnitt der internationalen Wasserstraße Rhein-Main-Donau, das Flußbett ausgebaut für Frachtschiffe modernster Art, für Großtanker und Cargo Liner ist – es macht immer noch Freude, gemütlich mit einem Personenschiff dahinzutuckern und die Augen schweifen zu lassen.

Auf dem rechten Mainufer bleibt das gegenüber der Schiffsanlegestelle liegende **Kreuzwertheim** mit Häusern, Kirchturm und den sandsteinroten Ziergiebeln des Schlosses der Fürsten Löwenstein-Wertheim-Freudenberg rasch hinter uns zurück, und bald schon nach dem Passieren der Wertheimer Eisenbahnbrücke und der Schleuse von Faulbach (s.S. 161) schiebt sich das kleine **Stadtprozelten** ins Blickfeld, fast erdrückt von der mächtigen Ruine der Henneburg; hoch überragen die beiden kräftigen Bergfriede die Wehrmauer und die hohläugige Palaswand. Das Schiff gleitet weiter, von der letzten Fähre im Mainviereck bei Mondfeld-Stadtprozelten respektvoll erwartet, Zeuge der aussterbenden Fährmannsromantik. Vorüber auch am benachbarten **Dorfprozelten,** einer der ganz alten Mainorte, der bereits für 1009 urkundlich belegt ist (s.S. 159). Er hat eine uralte Schiffer- und Schiffbauertradition. Lange fuhren von hier aus über die mitteleuropäischen Binnengewässer die flachen Lastschiffe, in deren buntgestrichenem Steuerhaus der Kapitän herrschte und in der winzigen Kajüte mit geraniengeschmückten Fensterluken des Schiffers Frau. Noch zwei oder drei Partikuliersfamilien gehen von Dorfprozelten aus auf Fahrt – bis in die sechziger Jahre war hier keine Familie, die nicht »vom Schiff« lebte, sei es als Schiffseigner, sei es als Schiffsmann. Wie auf den Weltmeeren, so bringt auch auf den Binnengewässern die ausländische Billig-Konkurrenz den einheimischen Schifferberuf allmählich zum Erliegen.

Steiler werden die bewaldeten Bergflanken zu beiden Seiten des Tales. Da leuchtet zur Rechten aus Baumkronen im Rot des Mainsandsteins eine Turmruine hervor, die freistehende Giebelwand eines nicht mehr existierenden Palas – das war einmal die mächtige Collenburg, ein

Glied in der Kette von Burgen, die unter dem Stauferkaiser Friedrich I. erbaut und mit Mitgliedern der ihm treu ergebenen Sippe der Schenken von Schüpf besetzt, ihm Fluß und Land bewachten. Das Tal weitet sich, und schon drängen sich die Dörfer **Fechenbach** und **Reistenhausen** am Ufer zusammen. Am Ortsrand, unter Parkbäumen, lugt aus dem Laub das rote Gemäuer eines Schlößchens hervor. Doch die Fenster sind trübe von Schmutz, die Läden hängen schief in den Angeln – die hier wohnten, sind fortgegangen.

Und dann wieder eine hochragende Ruine, rot im Grün des Waldes, nun auf der linken Talseite, jedoch schmuck in Ordnung gehalten: die Freudenburg. Darunter die kleine Stadt **Freudenberg.** Dies war einmal die Speerspitze des Hochstiftes Würzburg, gerichtet gegen den Mainzer Machtbereich. Unter der Freudenberger Brücke hindurch tritt rechts der Steilhang jetzt bis ans Flußufer vor, es leuchtet tiefrot wie klaffende Wundmale aus dem Laubgrün, Steinbruch reiht sich an Steinbruch: Der berühmte Miltenberger Sandstein wird hier gewonnen. Er ist auch heute noch ein beliebter Baustein wie vor Jahrhunderten, als man aus ihm die Dome von Frankfurt und Mainz erbaute und so manche andere Kirche, feste Brücken oder all die Burgen im Land – und schon taucht weit voraus die nächste Burg auf, die Mildenburg über Miltenberg, der alte mainzische Amtssitz am Mainknie. Freudenberg und Mildenburg, »Fröuwedenberch« und »Miltinburc« welch freundliche Namen ihnen ihre Erbauer gaben, welch angenehme Nachbarschaft! Aber das täuscht. Die Burgen wurden errichtet um 1200 und kurz danach, von harten Männern in harter Zeit des Machtstrebens. Daß sie beide »Gottesmänner« waren, Bischof der eine, Erzbischof der andere, tut nichts zur Sache. Fröuwedenberch nannte der Würzburger seine Burg, weil es ihn freute, dem Mainzer eine Drohung entgegengestellt zu haben. Der aber verhieß mit dem Namen seiner Burg seinen Dienstmannen »milte«. Das war damals so viel wie reiche Belohnung für tapferen Kampf gegen den Feind.

4. Miltenberg und der Südwestspessart

Miltenberg – fränkisches Kleinod am Unteren Main

Das Gebiet um das südwestliche Mainknie war schon früh besiedelt. Davon zeugen zwei mächtige Ringwallanlagen auf dem Greinberg über Miltenberg selbst und auf dem Wannenberg oberhalb des benachbarten Bürgstadt. Und auch die Römer, die den Limes (den »Nassen Limes«) bis zu diesem Mainknie vorgetrieben hatten, um ihn von hier aus nach Südwesten abknickend über die Höhen des Odenwalds weiterzuführen, hatten zu Füßen des Greinbergs zwei Kastelle zur Sicherung des strategisch wichtigen Punktes angelegt. Die Grundmauern des einen sind längst im Stadtbereich überbaut; der Ort des Kohortenkastells jenseits der Mud wird aber noch durch einen quadratischen Turmstumpf in einer Wiese unter einer Baumgruppe neben dem Wanderweg nach Kleinheubach markiert. Dieses Mauerwerk ist allerdings ein Überrest des zu karolingischer Zeit in den damals noch vorhandenen Kastellmauern erbauten Kirchturmes des Dorfes »Wallhausen«, das 1247 in der »Lorscher Fehde« durch Kurmainz zerstört wurde.
Miltenberg selbst ist jünger. Nach Gründung der »Miltinburc« 1226 errichtete Mainz unter ihrem Schutz eine Zollstation am Main, wo

nahebei der alte Handelsweg Würzburg – Frankfurt, das Erftal herab-
kommend, den Fluß erreichte. Daraus erwuchs alsbald eine Siedlung
nebst Warenumschlagplatz, die sich nach der Burg benannte und im
Jahr 1237 das Stadtrecht verliehen bekam. Von der daraufhin errichteten umfassenden Wehranlage stehen u. a. noch die beiden kraftvol-
len Haupttore, die etwas »beiseitegestellt« wirken, da ihrer Durch-
laßfunktion weitgehend enthoben: der westlich die alte Frankfurter
Straße beherrschende Spitze Turm, und auf der Ostseite der Stadt das
Würzburger Tor. Wesentlich älter als Miltenberg ist jedoch das jenseits des Erf-Flüßchens liegende Bürgstadt, das Urpfarrei für das Gebiet im Mainknie östlich der Mud war. Auch Miltenberg gehörte ihr
als Filiale bis zum Jahr 1522 an, als die Stadt schließlich zur selb-
ständigen Pfarrei erhoben wurde.
Vor allem seiner Lage an der vielbefahrenen Fernstraße, aber auch
dem bald erreichten Wohlstand war es zuzuschreiben, daß Miltenberg
viele Zugriffe erdulden mußte: Schwere Brandschatzungen im
Bauernkrieg 1525, noch schwerere im Markgräflerkrieg 1552, als auch
die Burg niedergebrannt wurde. Bei folgenden Händeln heimgesucht
von Truppen aller Nationen, vor allem während des Dreißigjährigen
Krieges sowie in den französischen Revolutionskriegen. Die großen
Seuchen und die Hexenprozesse forderten ihre Opfer. Davon ahnt
man heute kaum noch etwas – scheint doch über dieser kleinen Stadt
ein Glanz von Schönheit und Lebensfreude zu liegen.
Berühmt ist das <u>Schnatterloch</u>, der schräge zum Burgaufgang hinlei-
tende Teil des Marktplatzes, um den sich die schönsten Fachwerkhäuser reihen. Besonders ins Auge fallen zur Rechten das »Haus Clau-
sius« (um 1500) mit zierlichem Erker, in dessen Erdgeschoß sich jetzt
eine gemütliche Weinstube befindet. Daneben der Treppenaufgang
zur Burg mit dem schindelgedeckten Alten Marstall und, klein davor
mit Fachwerkfront zum Marktplatz, die einstige Burgschmiede. Gegenüber der stattliche Bau der vormaligen Kurmainzischen Amtskel-
lerei, die jetzt das <u>Stadtmuseum Miltenberg</u> beherbergt mit interessanten Objekten zur Stadtgeschichte und zu alter Handwerkskunst,
sowie einer Abteilung römischer und frühmittelalterlicher Lapida-
rien.

Das Museum wird zur Zeit umgebaut; nähere Auskunft dazu beim Verkehrsverein im Rathaus Miltenberg (Tel. 0 93 71/40 01-19 oder -36).

Am unteren Ende des Platzes steht ein behäbiges spätbarockes Wohnhaus aus rotem Sandstein – es ist das Geburtshaus des Komponisten

150

Das »Wirtshaus zum Riesen« lädt ein

Joseph Martin Kraus (1756–1792). Er war ein zu seiner Zeit hochgeschätzter Musiker, Hofkomponist und Kapellmeister am Hofe des Schwedenkönigs Gustav III. Seine Musikwerke, lange vergesssen, kehren allmählich wieder in die Konzertsäle zurück. Seine Wertschätzung durch Haydn bezeugt dessen Anspruch nach dem Tod von Kraus: »Schade um den Mann, wie um Mozart! Sie waren beide noch so jung!«

Der Marktbrunnen (1583) mit seiner zierlichen Justitia auf der Brunnensäule ist das Tüpfelchen auf dem »i« des Schnatterlochs und leitet hinüber zur Hauptstraße – wiederum eine Parade von eigenwilligen Fachwerkhäusern bis hin zum Blickfang des schon 1411 genannten Gasthauses »Zum Riesen«, das 1590 umgebaut wurde zur »Fürstenherberge«. Tatsächlich hatten hier König Gustav Adolf von Schweden und die kaiserlichen Marschälle Tilly und Wallenstein Quartier genommen. Die gern erzählten Geschichten von den »Gästen« Kaiser Barbarossa oder Martin Luther sind so hübsch wie historisch unwahr. Auch an der Hauptstraße nahe beim »Riesen« gelegen,

151

fällt das hohe »Steinerne Haus« mit breitem Stirngiebel auf. Anfang des 15. Jahrhunderts entstand es als »Kauf- und Stapelhaus« der Kaufleute, mit großem Warenraum zur Straße hin und schönem Festsaal der Bürgerschaft im Obergeschoß. Heute dient es der Stadt für kulturelle Veranstaltungen.

Die Pfarrkirche St. Jakobus unterhalb des Marktplatzes mit ihren eindrucksvollen Doppeltürmen (von 1830) hat sich nach mehrfachen Umbauten wenig vom ursprünglich gotischen Baubestand bewahren können. Sehenswert sind die aus der 1825 abgebrochenen Wallfahrtskapelle »Maria uff den Staffeln« übernommenen Plastiken: das einstmals sehr verehrte Gnadenbild einer gotischen Madonna und eine Dreikönigsgruppe (um 1400), ferner ein Marienaltar (1624) und die Kanzel (1635), beide von Zacharias Juncker, sowie das ausdrucksstarke Kruzifix (1527) aus der Backoffen-Werkstatt.

Das an die Pfarrkirche nördlich angrenzende »Schwarzviertel« mit seinen engen Gassen und Häusern ist der älteste Teil Miltenbergs. Sehenswert ist der vor der Stadt an der Mud liegende Friedhof von St. Laurentius mit alten Familiengrabstätten. Der Chor der Friedhofskapelle (14. Jh.) birgt sehr schöne gotische Wandmalereien sowie – neben anderen guten Holzplastiken – das Kleinod der Kapelle, einen kleinen Flügelaltar mit dem hl. Laurentius, umgeben von Heiligen, und einer naiv-frommen Darstellung der Geburt Jesu in der Predella.

Die Mildenburg, vom Schnatterloch aus leicht zu erreichen, ist bewohnt und von innen nicht zu besichtigen. Der Bergfried kann bestiegen werden und bietet eine großartige Aussicht auf Mainknie und Spessart. Im Burghof steht der »Toutonenstein«, eine römische Arbeit, die unvollendet liegen blieb im Wald droben, wie andere Steinrudimente auch, die in den Felsblockmeeren rund um Miltenberg zu finden sind. Ein bequemer Weg führt von der Burg entlang der oberen Stadtmauer, vorbei am jüdischen Friedhof und der evangelischen Kirche hinunter zum Engelplatz mit dem Franziskanerkloster; die schlichte Predigerkirche wurde um 1680 von Antonio Petrini erbaut. Gegenüber das in einem behäbigen Barockhaus untergebrachte Rathaus (mit Tourist-Information).

Miltenberg und seine »Weiße Flotte« ▷

Ein Blick in die Nachbarschaft: Bürgstadt und Freudenberg

Wanderfreunden kann ein abwechslungsreicher Weg von Miltenberg über Bürgstadt nach Freudenberg empfohlen werden; Ortsfremde sollten sich bei der Tourist-Information Miltenberg eine örtliche Wanderkarte geben lassen, da sich für diese an sich gemütliche Halbtageswanderung mehrere Routen anbieten.

Von Miltenberg geht ab Ortsmitte der zunächst durch die Mainuferwiesen führende Wanderweg (blaue Zeichen **M** und **R**) direkt nach

Ausschnitt aus dem Medaillonfries in St. Martin, Bürgstadt

Bürgstadt (das übrigens auch mit der Stadtbuslinie angefahren werden kann). Nach Überqueren der Erf kommt noch als weiteres Wegzeichen ein gelbes Quadrat hinzu. Diesen drei Zeichen folgend, erklimmt man den Wannenberg. Ehe man sich aber an den Aufstieg macht, sollte man sich unbedingt in **Bürgstadt** ein wenig umsehen.

Der Weinort am Fuße des Wannenberges dürfte aus einem karolingischen Königsgut mit einer St. Martin geweihten Hauskapelle entstanden sein. Aus ihr erwuchs eine romanische Kapelle, die Urpfarrei der ganzen Gegend. Sie wurde zum Kern des sich um sie gruppierenden Dorfes. Gegen 1430 erfuhr die Martinskapelle einen gotischen Umbau, an den noch das schöne spätgotische Portal mit einem Tympanonrelief des hl. Martin erinnert, der seinen Mantel zerteilt. Die Wände des Langhauses von St. Martin erhielten um 1590 einen dreifach umlaufenden Medaillonfries, dessen Fresken Bilder aus der Heilsgeschichte erzählen – eine einzigartige »Bilderbibel« für das des Lesens unkundige Volk (Schlüssel zur Martinskapelle bei Gärtnerei Kling nebenan).

Die an die Martinskapelle unmittelbar angrenzende alte Pfarrkirche St. Margarete (um 1351) besitzt neben mehreren Barockaltären als Rarität eine Orgel von J. C. Wehr aus Marktheidenfeld (um 1753) mit vorzüglichem Klang, an der gelegentlich Konzerte gegeben werden.

Ein weiteres Schmuckstück Bürgstadts ist das links der Hauptstraße liegende Renaissance-Rathaus (1560) mit verspielt geschwungenen Giebeln – hatte seinerzeit der Bürgstädter Spätburgunder den Geist des Baumeisters so beflügelt?

Etwas oberhalb des Rathauses hatten wir die Straße verlassen, der im Ort der Wanderweg folgt. Wir kehren auf ihn zurück und steigen nun bergan; im neuen Stadtteil auf halber Höhe schon liegt rechts der Straße der große Friedhof, in ihm ein wenig abseits und halb von Bäumen verdeckt, steht die neue Pfarrkirche St. Margarete, ihres zeltförmigen Innenraums wegen auch »Zelt Gottes« genannt, ein Werk von Diözesanbaumeister Hans Schädel (1960). Raumbeherrschend ist das dreieckige Glasmosaik an der Portalwand, dessen wirre erdfarbene Flächen den Gegensatz vom Chaos der Welt zur Klarheit göttlichen Lichtes der herabfließenden reinen Blautöne betonen. Dieses Blau kehrt verstärkt in lichten bis dunkelgründigen Schattierungen in der Fensterfront der angrenzenden Marienkapelle wieder – eine ungemein meditative Ruhe strahlt dieses sanft fließende Blau aus (beide Glasarbeiten von J. Schreiter).

Nach diesem letzten Abstecher zur Kunst hält uns nichts mehr von unserer Wanderung ab. Den Wegzeichen folgend, steigen wir gemächlich bis zur Höhe des Waldrandes an. Hier, bei einem Parkplatz, gabeln sich die Wege. Links führt, immer dem Waldrand entlang, der Wanderweg **R** und **M** direkt nach Freudenberg. Der spitzwinklig rechts abbiegende Fußweg mit dem gelben Quadrat erreicht in wenigen Minuten die »Zentgrafenkapelle« (um 1630), die nie vollendet wurde – eine Bauruine also, aber eine höchst romantische. Der Blick von hier oben auf das Mainknie, auf Miltenberg und die Waldberge darüber, in der Nähe aber auf die gesegneten Weingärten des Wannenbergs am Südwesthang über dem Mudtal, wo mit die besten Weine des Untermains reifen, ist einen Augenblick des Verweilens wert. Tatendurstige Wanderer werden von hier aus, dem gelben Quadrat folgend, vollends auf den Wannenberg hinaufsteigen, dessen Hochplateau ganz von einem Ringwall aus keltischer Zeit umgeben ist – allerdings weitgehend von Wald überwachsen. Vor einigen Jahren haben Archäologen ein altes Tor im Wall fachkundig nachgebaut. In der Nähe finden sich entlang des Weges – der oft nicht mehr als ein schmaler, steiniger Fußpfad ist – behauene und liegengelassene Steine, Rudimente von Säulen aus dem Mittelalter, vom Volk »Heunefässer« oder »Heunesäulen« genannt. Man folgt nun diesem (wesentlich weiteren Weg) über das Plateau hinweg, bis er sich deutlich zu Tal neigt und sich mit einem querverlaufenden Wanderweg, mit weißem Dreieck bezeichnet, kreuzt. Man folgt hier diesem weiter talwärts, der dicht vor der Ruine der Freudenburg auf den Höhenringweg (**M** bzw. **R**) stößt. Von hier ab ist es nicht mehr weit bis zur Burg und Stadt **Freudenberg.**

Nach der imponierenden Ruine zu urteilen, war die Burg von beträchtlicher Größe gewesen, was auf Ausbauten im 14. und 15. Jahrhundert zurückzuführen ist, als sie die Grafen von Wertheim zu Lehen hatten. In den Kriegen des 16. Jahrhunderts wurde sie stark beschädigt und zerfiel später. Nur der Dicke Turm der Vorburg wurde noch als Stadtgefängnis und Hexenturm genutzt, bis auch er der Natur überlassen blieb. Erst in jüngster Zeit ist die Burg in den Besitz der Stadt Freudenberg übergegangen, nachdem die Bürger schon in Eigeninitiative die Ruine gesäubert und das Mauerwerk gesichert hatten. Sie zieht nun wieder viele Besucher an. Alle zwei Jahre finden hier auch vielbeachtete Freilichtaufführungen der Freudenberger Laienspielgruppe unter professioneller Leitung statt.

I Näheres hierzu erfährt man im Rathaus Freudenberg (Tel. 09375/524).

Die Stadt **Freudenberg** – die Stadtrechte datieren von 1334 – wurde gemeinsam mit der Burg gegründet und ist in die beidseitig ins Tal herablaufenden Wehrmauern einbezogen. Wegen der beengten Lage zwischen Berg und Fluß war eine größere Neubebauung nicht möglich, so daß der kleine Ort im Kern sein historisches Stadtbild um Pfarrkirche (1692), Rathaus (um 1500) und Amtshaus bis heute be-

Blick vom Burg-
weg auf Freuden-
berg und hinüber
zu den Spessart-
höhen.

wahren konnte. Die ursprüngliche Pfarrkirche war die St.-Laurentius-Kapelle (13. Jh.), knapp zwei Kilometer mainaufwärts beim Friedhof gelegen. Sie bezeugt noch den abgegangenen Ort Lullingescheid, dessen Bewohner nach dem Bau der Burg in die dazugehörige Burg-Siedlung gezogen waren, blieb aber Pfarrkirche bis zum Bau der jetzigen Kirche im Ort. In ihrem frühgotischen Chor sind wertvolle Fresken erhalten (spätes 13. Jh.); erwähnenswert ist auch die schöne Renaissance-Außenkanzel. Noch 1705 erhielt sie eine neue barocke Innenausstattung, was für die Anhänglichkeit der Freudenberger an ihre altangestammte Pfarrkirche spricht. Ein Stationsweg aus dem Jahr 1710 führt heute noch von der Stadt hierher.

Alter jüdischer Friedhof oberhalb von Reistenhausen

Burg- und Kirchenruinen, Waldfrieden und Totenkreuze im südlichen Spessart

Wenn wir mit dem Schiff von Wertheim nach Miltenberg gefahren sind, so haben wir auf der Strecke einige interessante Ziele liegenge-lassen, denen wir auf dieser Tour einen Besuch abstatten wollen.
Das rechtsmainische **Reistenhausen** bietet demjenigen, der sich gern der eigenartigen Melancholie alter jüdischer Friedhöfe hingibt, ein stimmungsvolles Ziel: Er liegt außerhalb des Ortes hoch oben am Berghang unter dem Wald, der langsam von dem stillen Gräberfeld im Mauerviereck Besitz ergreift. Ein recht steiler Fußweg führt, folgend dem Wanderweg Reistenhausen – Mönchberg (bezeichnet mit rotem Punkt) an der Pfarrkirche vorbei in einer guten Viertelstunde hinauf zu den teilweise schon halb ins Erdreich eingesunkenen Gräbern – er war seit alters für die Juden der Landgemeinden am Untermain bis in die Dreißiger Jahre ihr »Bet Ha-chajjim«, das »Haus des Lebens«, wie sie ihre Friedhöfe nennen.

Erste Station ist das rechtsmainische **Dorfprozelten.** Schiestl-Freunde werden hier frohlocken: Wesentliche Teile der Ausstattung der Pfarrkirche St. Vitus (1899) stammen von den drei Schiestl-Brüdern (s.S. 83): Die Heiligenportraits des Altaraufsatzes und die jugendliche »Madonna im Hortus« malte Rudolf Schiestl, der jüngste der Brüder. Heinz Schiestl schuf das mächtige Triumphkreuz mit Nebenfiguren; die gemalten Engel am Kreuzesstamm führte Matthäus, der älteste, aus. Von Heinz Schiestls Hand sind ferner die Kreuzwegstationen, der Sebastiansaltar und – als Geschenk an die Kirche, in der er 1908 ge-

»Die Heilige Familie«
von Heinz Schiestl

traut wurde – das vielbewunderte Reliefbild »Die heilige Familie«, eine innige Familienszene, angesiedelt auf dem Werkplatz des Zimmermanns vor den Mauern einer fränkischen Kleinstadt. Sehenswert ist in Dorfprozelten auch das Heimatmuseum im alten Bahnhofsgebäude, das die bodenständigen Handwerkerberufe darstellt, die es so kaum noch vor Ort gibt. Eine Sonderschau zeigt Arbeiten des begabten »Herrgottschnitzers von Dorfprozelten«, Oswald Zöller, der dreiunddreißigjährig im letzten Krieg gefallen ist.

Besuchstermin nach Absprache: Gemeindeverwaltung Dorfprozelten (Tel. 0 93 92/72 47).

Stadtprozelten und **Henneburg:** Die Ruine der über dem Ort aufragenden einstmals stolzen Burg ist immer noch höchst eindrucksvoll. Seit dem späten 12. Jahrhundert bildete sie einen Mittelpunkt staufischer Machtpolitik am Südrand des Spessarts, von einem Zweig der Schüpfe, auch Kolbo genannt, erbaut und bewohnt, der in diesem Grenzbereich mainzischen, würzburgischen und Wertheimer Machtstrebens die Fahne des Reiches hochhielt. Nach dem Untergang der Staufer wurden auch die Schüpfe aus der Prozeltener Herrschaft hinausgedrängt. Um 1275 hatte das Haus Wertheim seine Hand daraufgelegt, aber aus dem Erbstreit zwischen Wertheim und versippten Familien ging am Ende der Deutsche Orden als lachender Dritter hervor, als ihm 1317 die Gräfin Elisabeth von Hohenlohe-Wertheim ihre gesamten Besitzrechte an Burg und Stadt Prozelten übertrug. Daraufhin errichteten die Deutschherren die Kommende Prozelten. Nach einem Komtur dieser Kommende, Georg Graf von Henneburg, wurde die Burg im Volksmund »Henneburg« genannt. Das hat nichts mit dem fränkischen Geschlecht derer von Henneberg zu tun. Mit dem allgemeinen Rückgang der Ordensaktivitäten verkaufte besagter Komtur Graf von Henneburg im Jahr 1483 Burg und Stadt Prozelten an Kurmainz. Die Burg wurde für lange Jahre Sitz des mainzischen Amtmannes und verfiel, als sie nicht mehr bewohnt war. Die auf schonende Weise konservierte Ruine läßt heute noch die einstige Pracht ahnen: Dem romanischen Trakt mit dem hohen Bergfried und prächtigem Palas fügte der Deutsche Orden den zweiten gotischen Bergfried, die westlichen Wohn- und Wirtschaftsgebäude sowie die starke Ringmauer mit unterirdischem Wehrgang zu. Die Besteigung des Turmes lohnt sich: Man genießt oben von der Plattform aus einen wunderbaren Blick ins Maintal.

Auch Stadtprozelten ist eine typische Burgsiedlung, entstanden zugleich mit der Burg und mit ihr durch die beidseitigen Flankenmauern verbunden. Die Pfarrkirche, ursprünglich Kapelle eines nicht mehr existierenden Spitals, ist ein unverfälschter gotischer Bau (spätes 14. Jh.), ausgestattet mit guten Skulpturen, u. a. einer vornehmen weiblichen Gestalt (um 1430), die irrtürmlich als »Gräfin Henneberg« bezeichnet wird; wahrscheinlich handelt es sich aber um eine Heilige, die ihre Attribute verloren hat, nachdem ihr irgendwann ein Unterarm abgeschlagen wurde. Das Rathaus des frühen 16. Jahrhunderts erfuhr 1621 eine Erweiterung um den polygonalen Treppenturm und den schönen Erker, eine optische Bereicherung der Hauptstraße mit ihren schmalbrüstigen Häusern.

Zur Weiterfahrt bleiben wir auf der rechtsmainischen Seite. Die neue Pfarrkirche von **Faulbach,** gegenüber der alten Kapelle an der Durchfahrtsstraße gelegen, beherbergt das Gnadenbild aus der Markuskapelle im Haslochtal, die seit der von den Grafen von Wertheim in ihrem Territorium durchgeführten Reformation geschlossen war und langsam verfiel. Einer Legende zufolge soll die in dem toten Raum völlig vereinsamte Gottesmutter nach dem Trost der Anbetung in einer rechtgläubigen Kirche verlangt haben, worauf sich im Jahr 1631 ein Bäuerlein aus Faulbach ihrer Not erbarmte und sie in einer wahren Nacht- und Nebelaktion gemeinsam mit Gleichgesinnten in die gutkatholische Faulbacher Kirche »heimholte«. Es gab darob behördlichen Streit, der aber unterging in den Wirren des Dreißigjährigen Krieges. Seit der Zeit steht nun die milde Gottesmutter im warmen Licht der Kerzen, mittlerweile in der neuen großen Pfarrkirche, getröstet und Leidbeladene tröstend, einst wie heute. Interessant ist auch das Rathaus, das im Kern aus dem späten 16. Jahrhundert stammt. Einem Torturm gleich, wurde es quer über die Straße hinweg erbaut und konnte so an der Tordurchfahrt gut den Durchgangsverkehr kontrollieren.

Wenige Kilometer mainaufwärts mündet das Haslochtal ein. In die Talöffnung schmiegt sich **Hasloch,** ein Industrievorort von Wertheim, der in der alten evangelischen Kirche einen wertvollen spätgotischen Flügelaltar bewahrt. Am oberen Ortsrand gegen das Haslochtal begegnen wir in der St.-Josefs-Kirche wiederum einem Werk von Hans Schädel (1958). Einziger Schmuck der Altarwand ist ein herabschwebender Christus, der bei aller Abstraktion des Körpers im hinreißenden Schwung der Arme das Herniederfahren des Weltenrichters ausdrückt, eine Arbeit von Julius Bausenwein aus Rimpar.

Knapp drei Kilometer spessarteinwärts treten alte Gebäude an die

Straße heran, in denen es manchmal rumpelt und qualmt: Der **Haslochhammer** ist der letzte Eisenhammer des Spessarts. Im Jahr 1779 errichtet, erwarben ihn 1800 die Brüder Kurtz, seitdem ist er – in sechster Generation – in Familienbesitz. Ihm wurde im Laufe der Jahre eine Eisengießerei und eine Maschinenfabrik angefügt. Der Hammer selbst, Keimzelle des florierenden Unternehmens, wurde 1991 als eigenständiger Betrieb an den Freiformschmied Armin Hock verpachtet. Der Hammer stellt Glockenklöppel her, die an Glockengießereien, auch im Ausland, verkauft werden – mit Wasserkraft von Hand geschmiedete Eisenware aus einem alten Spessarthammer! Ein wahres Unikum.

Besichtigungen möglich während der Arbeitszeit; Führungen für Gruppen nach Absprache (Tel. 09392/1852 oder 8540).

Kurz hinter dem Eisenhammer teilt sich die Straße. Unmittelbar an der Kreuzung steht unter Bäumen die Ruine der Markuskapelle. Sie war keine Sühnekapelle für einen zu Anfang des 14. Jahrhunderts von der Gräfin Elisabeth von Wertheim durch Leichtsinn verschuldeten tödlichen Jagdunfall, wie es die Volkssage will. Vielmehr ist sie als Marienkapelle bereits 1216 urkundlich belegt; ihre Reliquien und – seit Ende des 15. Jahrhunderts – ein verehrtes Marienbild ließen sie Ziel von Wallfahrten werden. Als 1328 das Haus Wertheim die Kartause Grünau nahebei im Kropfbachtal stiftete, wurde ihr die Kapelle inkorporiert. Nach Aufhebung der Kartause im Zuge der Reformation verfielen die Kartause und die später so benannte Markuskapelle.

An die **Kartause Grünau,** zu der von besagter Kreuzung links ein Fahrweg hinführt, erinnern noch einige wenige Mauerreste, vor allem aber die gemütliche »Klosterschenke«, die an Sommertagen eine hübsche Terrasse mit Ausblick auf den Fischteich – Reminiszenz an die Fastenfische der Klausner – vor der Kulisse der grünen Waldberge bietet. Hinter dem Gasthaus findet sich ein stückweit talaufwärts eine vorbildliche Anlage von Fischteichen, betreut vom Anglerverein Hasloch, in denen die »bachfrischen Spessartforellen« für die Gaststätten der ganzem Umgebung heranwachsen. Gespeist werden die Teiche vom klaren Kropfbach, der von dem Ende des Tales steil ansteigenden »Kropfschnabel« herabkommt.

An diesem Kropfbachtal hängen dunkle Erinnerungen: Seine umgebenden Wälder waren das bevorzugte »Jagdgebiet« des von den einen gehaßten, vom Volk aber heimlich geliebten Wilderers Johann Adam

Blick über den Fischteich auf die Kartause Grünau

Hasenstab, der sich am Wildpret des kurfürstlichen Herrn zu bedienen pflegte. Er tat es nicht aus Not – er betrieb die Wilderei berufsmäßig mit einer vom ihm angeführten Bande als einträgliches Geschäft. Nach mehreren ergebnislosen Verwarnungen und Strafen erhielt der zuständige Revierförster Johann Sator den Befehl, ihn »auf Leben oder Tod« aus dem Wald zu schaffen. Bei einem guten Wildwechsel im oberen Kropfbachtal traf den Wilderer am 3. Juni 1773 die tödliche Kugel. Von der Kartause führt ein Wanderweg durch das Tal; nach etwa fünf Kilometern steht rechts vom Wege vor einem düsteren Fichtenjungholz ein kleines Steinkreuz. Oft liegt ein frischer Waldstrauß davor ... Nicht weit entfernt davon aber, weiter oben am Berg, steht ein anderes Totenmal, das des »kgl. Waldaufsehers« Lorenz Lautensack: Er wurde am 27. Oktober 1882 auf einem Dienstgang von einem unerkannt gebliebenen Wilderer erschossen. Der Spessart hat eben auch seine düsteren Seiten.

Wer nun wieder auf raschem Wege zurück nach Miltenberg will, nimmt am besten die Maintal-Route. Bei noch mehr Zeit und Lust auf Spessarterlebnisse bieten sich von der Kartause Grünau aus zwei

Totenkreuz für den
Erzwilderer Hasenstab

Möglichkeiten: Familien mit Kindern könnten zum Wildpark von **Schollbrunn** hinauffahren, wo unsere einheimischen Waldtiere bestaunt – und gefüttert – werden können: Bei der Kreuzung vor der Ruine der Markuskapelle wählt man die links davon nach Schollbrunn hinaufführende Straße. Das stille höchstgelegene Dorf des Spessarts liegt inmitten einer weiten Rodungsfläche. Am oberen Ortsrand ist links abbiegend ein Sträßlein zum Tierpark ausgeschildert.

Wer jedoch Lust hat auf ein besonderes künstlerisches »Schmankerl«, der mache noch einen Schlenker hinauf zur Spessarthöhe: An besagter Kreuzung fährt man von der Kartause geradeaus nach Michelrieth. Nach Überquerung der Autobahn trifft man auf die Reihe der Dörfer Kredenbach – Esselbach – Oberndorf – Bischbronn, vormals einsame Dörfchen auf dem fruchtbaren Höhenrücken, der hier sanft zum Maintal abfällt. Heute sind sie durch eine Busverbindung mit Marktheidenfeld und der an ihrem Ortsrand vorbeiziehenden B 8 der Einsamkeit entrissen. In der neuen Pfarrkirche von **Oberndorf** aber befindet sich ein kleines Wunder an Schnitzkunst, ein großes Reliefbild der Geburt Christi (um 1600). Die lebensvollen Figuren sind farbig gefaßt und von großer Ausdruckskraft; das vormals arme Spessartdorf hat dieses großartige Bildwerk beim »Ausverkauf« der Kunstwerke des säkularisierten Chorherrenstiftes Triefenstein zu Anfang des letzten Jahrhunderts billig erstehen können.

Gute hundert Meter oberhalb der Kirche erreicht man bereits die B 8 und kurz danach Rohrbrunn. Am Ende des Rastplatzes Rohrbrunn schlägt man die scharf links abbiegende Straße nach Obernburg ein, folgt ihr über Dammbach bis Eschau, schwenkt dann am Ortsende von Eschau links ab und erreicht über Mönchberg und Großheubach das Maintal und Miltenberg.

Wer nun am späten Nachmittag, von Rohrbrunn kommend, das Dammbachtal hinabfährt, erlebt hier noch einmal den Spessart pur: Jenseits der freundlichen Dörfer ein wiesengrünes Tal, aus dessen Grund bei diesem Sonnenstand die Mäander des jungen Krausenbachs

Reliefbild
»Geburts Christi«
in Oberndorf

wie ein gekräuselter Silberfaden im Seidengrün der Feuchtwiesen blitzen. Neben der Straße aber leuchtet aus dem ausgedörrten Grün von Kräutern das satte Rot des Felsengrundes, darüber das warme Grün des Mooses zwischen dicken Baumwurzeln, das schattenkühle Grün der Farne am Waldrand, das goldene Grün der schrägen Sonnenbahnen unter Buchengeäst. Die wunderbar grüne Stille im leisen Atem der Wälder, und über allem ein duftigblauer Himmel - das sind die Farben des Spessarts.

Von einem großen Engel, zwei gnadenreichen Madonnen
und von steinernen Löwen: Kloster Engelberg – Röllbach –
Mönchberg – Klingenberg – Kleinheubach

Von Miltenberg-Nord führt die Straße unter Weinbergen hin zum rechtsmainischen **Großheubach**, ein seit altersher reicher Ort mit behaglichen Häusern und fränkisch-überwölbten Hoftoren, einer neugotischen Kirche (spätes 19. Jh.) mit harmonischer Innenaussstattung aus der Bauzeit und einem höchst selbstbewußten Rathaus mit reichgeschnitztem Erker von 1611, in köstlichem Fachwerk erbaut. Der Wohlstand des Ortes war dem kräftigen Wein zu verdanken, der an den Südwesthängen der Berglehnen gedeiht (s. S. 175) – und nicht zuletzt auch den Zehrpfennigen der Pilger, die sich gerne stärken, ehe sie sich auf den beschwerlichen Anstieg zum Ziel ihrer Reise über die mehr als 600 steinernen Stufen der »Engelsstaffel« oder »Himmelsstiege« machen, die geradeswegs hinaufleitet zum Heil: zum **Kloster Engelberg.** Wer freilich meint, keinen Bußgang tun zu müssen, kann auch mit dem Auto hinaufgelangen ... Beim Kloster oben bzw. im Ort Großheubach unten endet übrigens der Eselsweg, nachdem er von Schlüchtern und Bad Orb aus den Hochspessart überquerte.
Das heute von Franziskanern betreute Kloster wurde 1630 an der Stelle einer älteren Michaelskapelle gegründet. Über dem Kirchenportal wacht ein eindrucksvoller Erzengel St. Michael (von Zacharias Juncker), im Innern des lichten Raumes ist der Gnadenaltar in der rechten Seitenkapelle mit einer thronenden Madonna mit dem Kind auf dem Arm im Glanz ihrer himmlischen Würde der Hauptanziehungspunkt (Mitte 14. Jh.). Nicht weniger anziehend wirkt auf die meisten Besucher das von den Mönchen gebraute Bier, das in der Klosterstube ausgeschenkt wird. Kloster Engelberg ist immer noch

Ziel für Wallfahrten aus benachbarten Gemeinden, und zudem sehr beliebt als Hochzeitkirche.

Ähnliches gilt für die Maria-Schnee-Kapelle in **Röllbach.** Gegen 1500 ist sie nach einem »Schneewunder« erbaut worden, durch das die auf wunderbare Weise in einem hohlen Stamm entdeckte Halbfigur einer Maria mit Kind, eine bäurisch anmutende Arbeit des 15. Jahrhunderts, den Platz der für sie zu erstellenden Kapelle bezeichnete. Die Menschen hier haben Vertrauen zu ihr als Helferin bei vielerlei Nöten des Leibes und der Seele, auch zu ihr kommen aus der Umgebung häufig Wallfahrten, besonders gerne im Marienmonat Mai. Röllbach selbst, in einer Mulde

Aufstieg zum
Kloster Engelberg

auf dem mit Lößlehm gesegneten Hochplateau vor dem steil ansteigenden Höhenrücken des Eselsweges gelegen, ist eine uralte Siedlung, in der im Mittelalter viele Adelsgeschlechter ihre Meierhöfe hatten und von den Einheimischen Zins, Zehnt, Gülten und andere Abgaben zogen. Die fruchtbare Erde des Hochplateaus hat auch den direkt unter dem Wald liegenden Ort **Mönchberg** wohlhabend gemacht. Man geht davon aus, daß er aus einem Rasthof an einer karolingischen Altstraße entstanden ist, bei dem dann freie Königsbauern angesiedelt wurden, die mit drei weiteren Nachbardörfern die »Centene Mengeburg« bildeten. Eine Centene, später »Zent« genannt, war im Mittelalter ein Verwaltungsbezirk mit eigener Gerichtsbarkeit und eigenen Regeln des Zusammenlebens, gebündelt in sogenannten »Weistümern« (Recht, wie es die Altvorderen gewiesen haben; es fußte auf germanischer Rechtsfindung). Im Weistum, das jeweils vor der versammelten Mannschaft bei den jährlich stattfindenden Gerichtstagen vorgetragen wurde, sind die Rechte und Pflichten der »Ortsnachbarn« festgelegt bezüglich Ortsverteidigung, Nutzung gemeindlichen Besitzes wie Wald, Wasserversorgung, Weiderechte und andere die Dorfgemeinschaft berührende Belange. Das Weistum von Mönchberg wurde 1396 niedergeschrieben und ist eines der ältesten in Franken. Neben den vorgenannten Punkten ist darin auch das Betreiben der zum Dorf gehörenden Mühlen vorgegeben. Wie eng die Vorschriften waren, mag dieses Beispiel aufzeigen. Da heißt es (ins heutige Deutsch übertragen): »Zum Siebenten: Den Müller betreffend wird zu Recht gewiesen, daß er halten soll zwei Esel, damit er den Bürgern ein Malter Korn holen kann auf eine Meile Wegs, und solle das Malter mahlen um zwei Metzen (als Lohn), und solle seine Zargen halten daß man einen Pfennigstrick darunter ziehen kann, und soll halten einen einäugigen Gockel und zwei Hühner, und hat sein Vieh nach Mönchberg zu treiben (zur Weide), jedoch ohne den Nachbarn zu schaden (d. h. nicht durch deren Felder). Wenn er den Bürgern zu Rat und Recht tut, sollen (= müssen) sie bei ihm Mahlgäste bleiben.«

Die alten Spessartmühlen sind nur noch romantische Kulisse:
Seite 169 oben: *Die Steinmühle vor dem Hafenlohrtal*
Unten links: *Die Mönchberger Waldmühle am oberen Aubach*
Unten rechts: *Mühle an der Lohr bei Neuhütten*

Zur Erläuterung: 1 Malter Korn (nach hier gültigem Miltenberger Maß) = rd. 100 kg, 1 Metze Korn = rd. 7 kg. Der »Pfennigstrick«-Abstand der Zargen bezieht sich auf die Einstellung der Mahlsteine. Der einäugige Gockel aber und zwei Hühner bedeuten die äußerste Einschränkung von körnerfressenden Haustieren (keine Gänse, keine Enten!) aus Angst, der Müller könne etwa eine Handvoll Korns an das Federvieh verfüttern. Besonders gefühllos ist die Vorschrift, dem Hahn ein Auge auszustechen, damit der Einäugige ja nicht zuviel an Körnlein für sich und seine Hennen finden möge ... Harte Zeiten waren das für Mensch und Tier! Keine Spur von Mühlenromantik im grünen Tal.

Mönchberg mit seiner schönen Lage am Fuße des Hochspessarts ist ein beliebter Erholungsort mit vielen Möglichkeiten naturnaher Freizeitvergnügen. Die schmuck renovierte Pfarrkirche (von J. M. Schmidt, um 1750) besitzt sehenswerte Deckenmalereien mit Szenen aus dem Leben des hl. Wendelin von Jakob C. Bechtold aus Aschaffenburg. Im alten Rathaus (um 1608) befindet sich nach einem Umbau die »Historische Sammlung Mönchberg«, u. a. mit gut erläuterten Objekten zur Administration von Landgemeinden und zum bäuerlichen Alltag (Rechtsverordnungen, alte Maße und Gewichte).

Geöffnet: Di 9.30–12.00 Uhr, So 14.00– 17.00 Uhr oder nach Vereinbarung: Gemeindeverwaltung (Tel. 09374/1256 oder7000).

Die Weiterfahrt nach **Klingenberg** führt vorbei an der im Feld stehenden Wendelinuskapelle (18. Jh.), die nach einem Einbruch vor einigen Jahren ausgeplündert wurde und nun verschlossen dasteht. Auf dem Weg passiert man das Tonbergwerk, wo der berühmte Klingenberger Ton, nützliche Hinterlassenschaft jenes frühzeitlichen »Klingenberger Stromes« (s. S. 15), im bergmännischen Untertagebetrieb abgebaut wird.

Die kleine Stadt – als solche 1276 benannt – entstand zusammen mit der auf halbem Berge vor 1177 erbauten Clingenburg durch die Reichsschenken von Schüpf, deren hiesiger Zweig sich nach ihr »von Clingenburg« nannte. Nach deren Aussterben im Mannesstamm hielten die eingeheirateten Herren von Bickenbach Burg und Herrschaft in Händen. Als diese 1505 ihren Klingenberger Besitz dem Erzstift Mainz verkauft hatten, bildete sich daraus das mainzische »Amt Klingenberg«.

Aufgestachelt von den Unruhen des Bauernkrieges, stürmten die Klingenberger Bürger im Frühjahr 1525 gegen die mainzische Herrschaft an – die Burg wollten sie erobern, blieben aber schon im kurmainzischen

170

Torturm zum
Stadtschloß
Klingenberg

Zehntkeller unterhalb der Burg hängen bei der Erstürmung der bereits
zur Abfahrt bereitgestellten Fässer, gefüllt mit dem guten Klingenberger Roten – das erlaubte der Besatzung der Burg, Verstärkung herbeizu-
rufen, und in Klingenberg hatte der Bauernkrieg ein unfrohes Ende gefunden. Auch in den nachfolgenden Kriegen, vor allem im Dreißigjährigen und den Französischen Revolutionskriegen, litt die kleine
Stadt schwer unter Plünderungen, die vornehmlich den Weinkellern
der Bürger galten und oft mit Mord, Totschlag und Brandschatzung

endeten. Sitz des Mainzer Amtmannes war seit 1560 das neue Stadtschloß, ein imponierender Bau mit hohem Gaubendach, massivem Torhaus nebst Nebengebäuden und einer eleganten doppelläufigen Freitreppe im geräumigen Innenhof. In der Stadt, die nach der totalen Zerstörung im Markgräflerkrieg 1552 neu aufgebaut wurde, finden sich etliche schöne Fachwerkhäuser, u. a. das alte Rathaus (1561) mit ehemals offener Halle im Erdgeschoß, gegenüber das »Gasthaus zum Schwert«, ein schmales gotisches Häuslein an der Kirchenstiege, die älteste Schenke Klingenbergs. Die hochgelegene Pfarrkirche St. Pankratius (Chor 15. Jh., Langhaus jünger) besitzt einen guten neugotischen Hochaltar, rechts und links davon zwei interessante Grabsteine einstiger Amtmänner und einen eindrucksvollen Stationsweg von Heinz Schiestl.

Das Beste von Klingenberg ist aber doch, sommers auf der bewirtschafteten Terrasse der Burggaststätte im Schatten von Bäumen zu sitzen und bei einem Schöppchen des berühmten »Klingenberger Roten« den Ausblick auf Stadt und Maintal zu genießen (s. S. 175). Die

Kleinheubach: einer der die Schloßeinfahrt bewachenden Löwen

Ruine der Clingenburg, die nur noch über wenig originale Substanz verfügt, wurde inzwischen umgebaut für sommerliche Konzerte und Weinfeste, die man hier so gerne feiert. Neuerdings finden im Juli im Burghof professionelle Theateraufführungen statt.

I Auskünfte erteilt das Verkehrsbüro (Tel. 0 93 72/1 33 11).

Ab Klingenberg geht's über die linksmainische B 469 direkt nach **Kleinheubach.** Im ummauerten Bezirk des »festen Hauses« der hier begüterten Rienecker wurde 1455 die Pfarrkirche errichtet, deren Langhaus 1706/10 erneuert wurde, wobei der Innenraum eine für eine evangelische Kirche außergewöhnlich festliche Ausstattung erhielt – Orgelempore über dem Altar, Kanzel und Taufbecken in heiterstem Rokoko. Im Turmuntergeschoß sind Reste ausdrucksvoller gotischer Wandmalereien erhalten.

1721 kaufte das (katholische) Haus Löwenstein-Wertheim-Rosenberg Ort und Gemarkung Kleinheubach, und Fürst Dominik ließ sich 1723–26 von namhaften Künstlern (u. a. L. Remy de la Fosse und Johann Dientzenhofer) am Mainufer ein Schloß als dreiflügelige Anlage erbauen, die französische Repräsentationslust ausstrahlt. In der Belétage liegt u. a. ein klassizistisch dekorierter Marmorsaal für große Empfänge der fürstlichen Familie, die das Schloß bewohnt, der aber für gelegentliche Konzertveranstaltungen dem Publikum geöffnet wird. Die weiteren Räume sind nicht zu besichtigen.

Der sich am Mainufer fast bis zur Mudmündung hinziehende Schloßpark wurde 1818 im englischen Stil angelegt und steht jedermann offen für Spaziergänge unter alten, teilweise wertvollen exotischen Bäumen, nachdem man das Haupttor des Parks mit den beiden gewaltigen, jedoch recht mürrisch dreinblickenden Wappenlöwen aus rotem Mainsandstein passiert hat.

Eine Reise entlang des Untermains zu Wein und Museen

Eine solche Weinreise ist vielleicht am schönsten an späten Septembertagen. Schon haben die Wälder ersten Goldschmuck an ihr grünes Gewand gesteckt. Schon ist in Häuserschatten die Luft spürbar kühler, und die Winzer rüsten sich, mit der Schar der Helfer hinaufzusteigen in die Wengerte zur Lese der frühen Sorten, die in dem milderen Klima am Untermain mit gutem Erfolg angebaut werden. Neben den für Franken typischen Weißweinen, die auf den lockeren Verfallsböden des Buntsandsteins ein reiches Bukett entwickeln, gedeihen hier besonders gut die roten Arten, die Portugieserrebe etwa, die den schon im Volkslied besungenen »Roten« liefert, die neuere Züchtung »Domina«, vor allem aber der königliche Spätburgunder, der höchste Qualitäten bringt.

Will man die Weinreise direkt in Miltenberg beginnen, so wird man rasch feststellen, daß es hier kaum noch Weinberge gibt: Von den früher einmal an die 200 Hektar Rebflächen sind noch ganze vier übriggeblieben, bewirtschaftet von zwei Winzern, die ihren Weinberg auch mehr als Hobby betrachten – nein, eine Weinreise am Untermain beginnt man in **Bürgstadt** (s. S. 155). In der Großlage Zentgrafenberg, die sich so malerisch unter der Zentgrafenkapelle bis ins offene Erftal hinein ausbreitet, werden Weiß- und Rotweine angebaut. Es gibt Partien mit starken Lößlehmanteilen im Boden, da gedeihen vorzügliche Weißweine, die für Franken üblichen Sorten Silvaner und Müller-Thurgau, aber auch die neueren Züchtungen wie Bacchus, Kerner, Scheurebe, Perle, und wie sie alle heißen. Sie erfreuen den Gaumen mit kräftigem Körper und arteigenem Bukett; König ist aber der an klimatisch besten Hanglagen gewonnene Riesling, er bringt Weine von großer Eleganz. Der Rotwein, gewachsen auf reinen Buntsandsteinböden, nimmt aber einen wichtigen Platz auf der Weinkarte ein: Feurige Portugieser und der edle, samtrote Spätburgunder gehören zum Stolz eines jeden Winzers. Unübertroffen an Eleganz, Fülle und zartem Bukett ist der Blaue Frühburgunder, eine hierzulande wenig angebaute Rebsorte, die höchste Ansprüche an Wachstum und Ausbau stellt und um die sich speziell das Weingut Fürst verdient macht. Der Großlage Zentgrafenberg steht am rechten Mainufer die Lage »Mainhölle« zur Seite; hier baut das Juliusspital Würzburg schon seit vielen Jahren seine Buntsandstein-Rotweine an.

Dann ist da das neugestaltete Heimatmuseum »Historische Sammlung Markt Bürgstadt« mit den Schwerpunktgebieten Weinbau, Sandsteingewinnung und Tabakanbau, auch heute noch wichtige Gewerbezweige des Ortes bis auf den Mitte der fünfziger Jahre eingestellten Tabakanbau. Weiter wird das Augenmerk der Besucher auf Johann Michael Breunich (1699–1755) gerichtet, in Bürgstadt geboren, der als Hofkomponist lange in Dresden für die Königin von Sachsen gewirkt hatte und dessen Werke zu Unrecht in Vergessenheit geraten sind.

Geöffnet: Do 17.00–20.00 Uhr, So 14.00–18.00 Uhr oder nach Voranmeldung bei der Gemeindeverwaltung (Tel. 09371/97380).

Großheubach hat außer dem Kloster Engelberg (s. S. 166) mit seinem Bier auch vorzügliche Weine zu bieten, gewachsen an den Steilhängen der Großlage Bischofsberg. Die engagierten Winzer bauen sehr süffige weiße Sorten sowie vorzügliche Portugieser und Spätburgunder an, die man gerne als Weißherbst ausbaut, in dem sich die Fülle des Rotweins mit lieblicherem Bukett verbindet; auch erfreut sich die mildaromatische Sorte »Domina« (Kreuzung Portugieser/Spätburgunder) zunehmender Beliebtheit.

In einem Weingarten neben dem Kloster bauen die Franziskaner einen leichten Weißwein an, der – nicht ganz sortenrein – in der Klosterschenke als »Engelberger« angeboten wird. Ein Heimatmuseum hat Großheubach nicht zu bieten, aber die Winzer haben am Engelberg einen interessanten Weinlehrpfad, beginnend bei der Ortskelter, angelegt.

Klingenberg am Main nennt sich offiziell »Rotweinstadt«. Der seit Jahrhunderten gerühmte und in Liedern besungene »Klingenberger Rote« erbringt als Spätburgunder hervorragende und vielprämierte Qualitäten; aber auch der Portugieser, fachmännisch ausgebaut, ist ein gar köstlicher Tropfen. Wirklich, solch ein feuriger Wein im Glas, sein herbtraubiger Geschmack auf der Zunge und die wohlige Wärme, die er in Leib und Seele ergießt, das ist schon was! Daneben werden aber auch die gängigen Weißweine artenrein ausgebaut zu vorzüglichen Qualitäten der Lagen Schloßberg und Hohberg. An diesem langgestreckten Südwesthang hat auch der Nachbarort **Erlenbach am Main** Anteil, dessen Winzer gleichfalls gute Qualitäten der vorgenannten Sorten erzeugen.

Wer aber mehr über Weinan- und -ausbau wissen möchte, der besuche das »Klingenberger Weinbau- und Heimatmuseum«, das praktisch einen Weinlehrpfad in seinem Erdgeschoß bietet. Zum andern ist auch ein Schaustollen des Klingenberger Tonbergwerks zu besichtigen, lebensecht nachgestellt. In den oberen Stockwerken werden handwerkliche Betriebe und bürgerliche Wohn- und Arbeitsräume dargestellt.

❙ Besuch nach Vereinbarung (Tel. 0 93 72/22 58 oder 1 33 11).

Nächster Museumsort ist das auf der anderen Mainseite liegende **Wörth** mit seinem »Schiffahrts- und Schiffbaumuseum« in der einstigen Pfarrkirche St. Wolfgang. Die Geschichte der Mainschiffahrt ist alt, seit den Tagen der Römer war der Fluß immer ein wichtiger Handelsweg. Beliebtes Objekt der Schaustücke ist ein Modell der

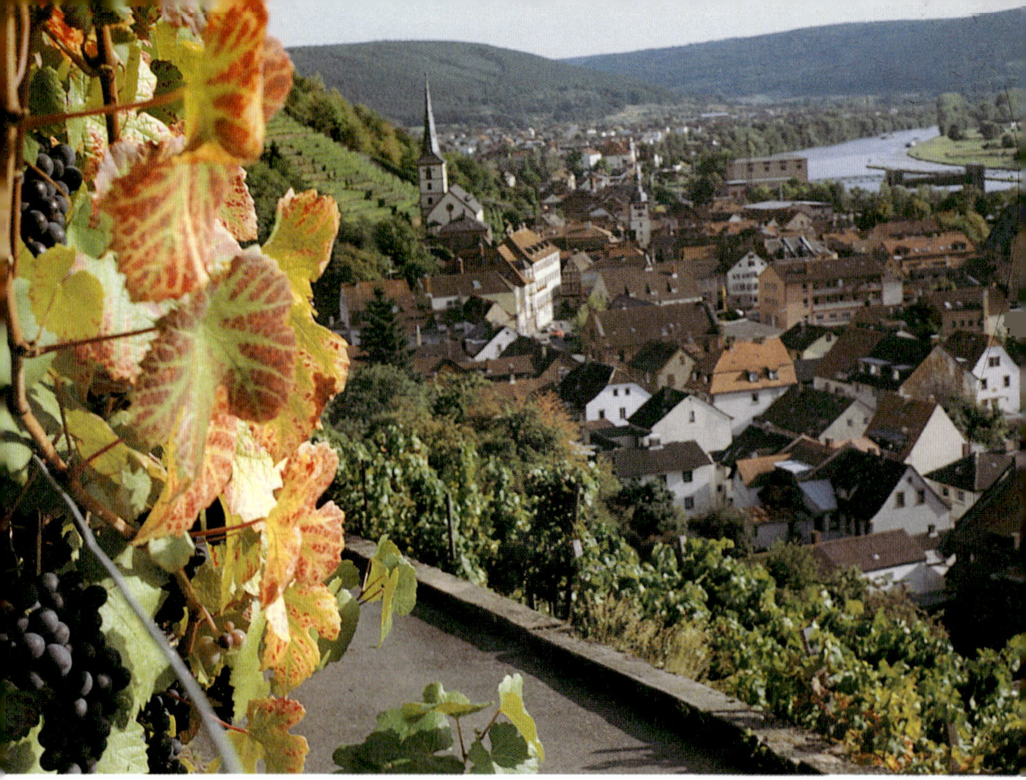

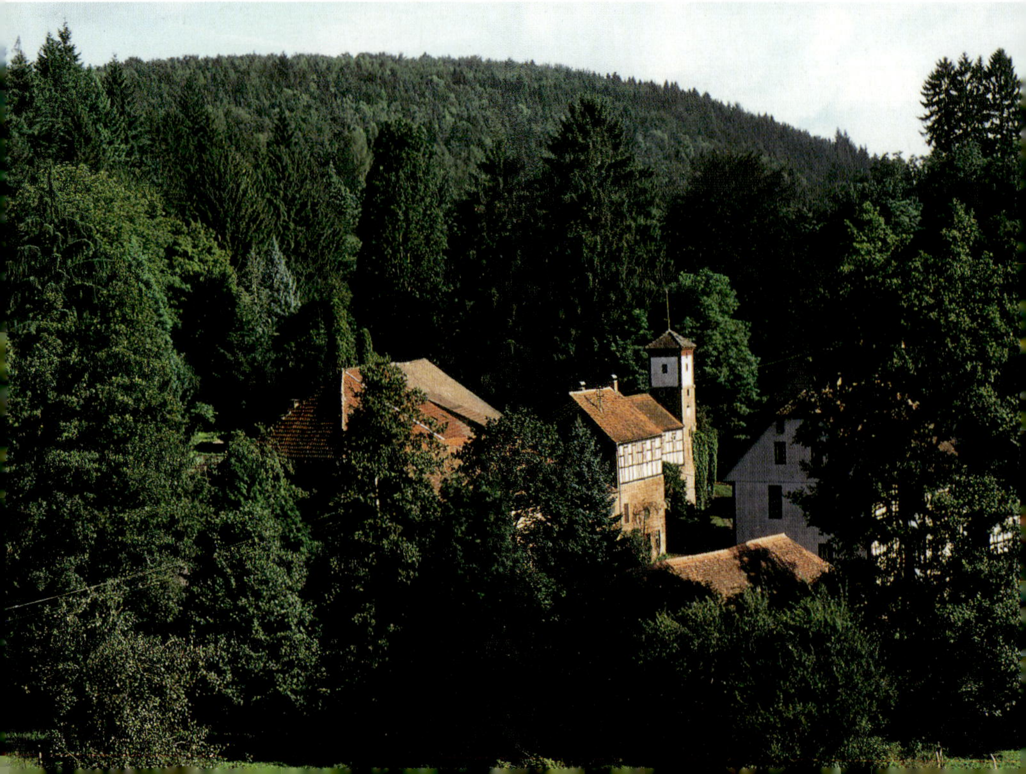

»Määkuh«, ein im späten 19. Jahrhundert aufgekommenes Kettenschiff, das sich selbst über ein durch Dampfkraft getriebenes Zahnrad an einer im Flußbett liegenden schweren Eisenkette stromauf hangelte. Diese Kettenschiffe brachten die Anwohner der Flußufer in Rage, als sie seit 1893 mit Dampfsirenengebrüll und Wolken dunklen Qualms stromauf fuhren: Die Zunft der Treidler, weil sie ihnen und ihren Zugpferden die Arbeit fortnahmen, und die Winzer protestierten lauthals, weil sie fürchteten, die Rauchwolken verdürben ihnen ihren Wein ... Seitdem aber in den zwanziger Jahren der Main auch mittels Staustufen ausgebaut wurde, war die Zeit der Kettenschiffe vorbei: In den Schleusen ließen sich die Ketten nicht mehr aufhaspeln.

Nun aber brach die Zeit einer alten Wörther Schiffbauerfamilie an: Seit 1652 schon hatten die Schellenberger im Familienbetrieb am schmalen Ufer vor der Stadtmauer Schelche und Lastkähne aus Holz gezimmert. Um die Jahrhundertwende wurden immer größere Schiffe verlangt, erbaut aus Eisenplatten. Daraufhin errichtete der fortschrittliche Schiffbauer um 1920 am gegenüberliegenden Ufer in Erlenbach eine Werft mit großer Werkhalle, mit Helling, Laufkran und Aufzugsturm. Hier baut man bis heute Binnen- und Küstenschiffe modernster Art. Diese ganzen Entwicklungen, für die Schifferstadt Wörth seit je von Bedeutung, werden in dem übersichtlich gestalteten Museum dokumentiert.

| Geöffnet: Sa und So 14.00–17.00 Uhr oder nach Vereinbarung (Tel. 0 93 72/59 06 oder 54 57).

Nach dem Besuch des Museums lohnt es, sich noch ein wenig in Wörth umzuschauen: Zum Main hin steht noch die alte Stadtmauer, am Südende bezeichnet ein Turm das einstige Schloß der Wörther Stadtherren, wo jetzt ein holzverarbeitender Betrieb lärmt. Sehenswert ist das alte Rathaus, ein gotischer Fachwerkbau mit vorgesetzter Renaissancefassade mit wuchtigem Portal und einer von Steinsäulen getragenen, vormals offenen Halle. Der Ratssaal im Obergeschoß zeigt Wandmalereien mit interessanten alten Stadtansichten. In der großen neuromanischen Pfarrkirche St. Nikolaus, mit der ganzen »Neustadt« nach schweren Überschwemmungen der Altstadt Ende des 19. Jahr-

Seite 176 oben: *Klingenberg am Main*
Unten: *Der einstige Höllhammer im Elsavatal*

Modell eines Kettenschiffs, »Määkuh« genannt, und Stück der Schleppkette im Schifffahrtsmuseum Wörth

hunderts in höherer Lage erbaut, befinden sich einige hervorragende Kunstwerke. Dazu gehören eine spätgotische Kreuzigungsgruppe im Chorbogen (Backoffen-Schule), ein Flügelaltar (um 1470) von großer Bewegtheit, der vormals in der Wolfgangskirche seinen Platz hatte, ein Bild der hl. Kümmernis mit dem Schuhwunder (J. C. Bechtold, 1730) und ein Kreuzwegzyklus von Heinz Schiestl (1905).

Nächster Ort links des Maines ist **Obernburg.** Wer die Schnellstraße verläßt und durch das vollkommen erhaltene Obere Tor in die Stadt einfährt, sieht viel echtes (und manches aufgeputzte) Fachwerk in den engen Gassen der kleinen Stadt. Das Stadtrecht ist ihr 1313 verliehen worden. Noch markieren vier stattliche Türme die einstige Stadtwehr. Von der alten Pfarrkirche blieb nur der Turm erhalten; wie ein Wachtposten steht er vor dem Eingang der neuerbauten Kirche St. Peter und Paul (1966, Arch. Lothar Schlör). In seinem Untergeschoß das mächtige Epitaph des Johannes Schmidt, genannt »der Obernburger«, langjähriger Privatsekretär Kaiser Karls V. Der nüchtern wirkende Kirchenraum beeindruckt durch die rundumlaufenden Giebelfenster unter dem Faltdach, ungegenständliche Glasbilder von wunderbar warmen Farben (Entwurf Hans Dumler, München).

Am Rande der Stadt aber, beim Friedhof, liegt die auf romanischen Fundamenten erbaute frühgotische St.-Anna-Kapelle, eine beliebte Andachtsstätte mit alter Tradition: Man vermutet hier ein früheres Mithras-Heiligtum aufgrund einiger Fragmente einer Mithras-Dedikation, an dieser Stelle aufgefunden (jetzt in der linken Chorwand eingemauert). Die Kapelle enthält einige sehr gute plastische Werke, so

Obernburg: Blick von einem der vier Stadttürme zum Oberen Tor

die überaus menschlich anmutende Anna-Selbdritt (spätes 15. Jh.) auf dem Hauptaltar, ein Vierzehn.Nothelfer-Seitenaltar (18. Jh.) und eine Dreiergruppe vergoldeter Heiligenstatuen (um 1500) der St. Notburga, St. Odilia, St. Margareta.

Unbedingt sehenswert ist das Römermuseum, neu eingerichtet in der »Alten Scheuer« neben dem Almosenturm. Obernburg war in früh-fränkischer Zeit entstanden in bzw. neben den Ruinen des ehemaligen Kohortenkastells. In Verbindung mit einer Benefiziarier-Station – eine Art Straßenkontrollstelle – am »Nassen Limes« muß dieses Kastell für knapp zweihundert Jahre ein belebter Ort gewesen sein, wie es reiche Bodenfunde von Obernburg und nächster Umgebung erwei-

Römer-Museum in Obernburg:
der Sockel einer Jupitersäule

Im Heimatmuseum Elsenfeld ist eine vollständig eingerichtete Heimschneiderwerkstatt zu besichtigen

sen. Das kleine Museum zeigt neben Skulpturen, Votivsteinen, Gegenständen des täglichen Bedarfs aus Kastell und Lagerdorf im Untergeschoß die eindrucksvolle Rekonstruktion eines Mithras-Heiligtums aus römischer Zeit.

Geöffnet: Mai–September So/Feiertags 14.00–17.00 Uhr. Für Gruppenführung Anmeldung im Verkehrsamt Obernburg (Tel. 0 60 22/6 19 10).

Wer von Obernburg aus über die Mainbrücke nach **Elsenfeld** hineinkommt, sieht zunächst den völlig »sanierten« Ortskern. Wir kennen schon von einem früheren Ausflug (s. S. 67) seine schöne alte Kirche. Das moderne Elsenfeld ist nichts als eine Wohngemeinde ohne eigenen Charakter. Einzige Ausnahme: das neuerbaute »Bürgerzentrum« hinter dem Rathaus. (Arch. Amann & Gress, Würzburg). Da hat man es verstanden, gute Fassadengliederung mit zweckmäßiger Raumgestaltung im Innern zu verbinden – ein seltener Lichtblick der Postmoderne.

Im Heimatmuseum, wohl das erste überhaupt am Untermain, ist alles versammelt, was einmal das Leben der Voreltern prägte. Da ist neben der bäuerlichen Arbeit vor allem die Heimschneiderei zu nennen. Um 1900 war hier kaum ein Haus, in dem sie nicht den Lebensunterhalt sicherte – unter Mithilfe der ganzen Familie, einschließlich der kleinen Kinder, sobald sie nur die Reihfäden ziehen konnten. In mehreren ineinander übergehenden Räumen, von der Schneiderwerkstatt über die »Gute Stube« bis zur Küche, werden bei älteren Besuchern noch Kindheitserinnerungen wach. Für die heutigen Kinder aber sind das fremde Welten, kopfschüttelnd sagen sie: »Naa – wos hebbe dei blouß fer a Ärbet geschofft!«

> Geöffnet: Palmsonntag und erster Novembersonntag. Gruppenführungen nach Anfrage (Tel. 0 60 22/50 07 29) jederzeit möglich.

Daß Elsenfeld heute wieder zu den Weinbaugemeinden am Untermain zählt, verdankt die Marktgemeinde dem Ortsteil Rück und dessen kleinen, aber feinen Lagen Schalksberg und Jesuitenberg. Hier reifen kräftige Weißweine mit aromatischer Säure heran sowie Portugieser und Spätburgunder, die mit ihrem samtigen Volumen schon manche Auszeichnung errungen haben.

Großwallstadt, linksmainisch gelegen, hat gleichfalls beides: Weinbau und ein Heimatmuseum. Es ist ganz neu eingerichtet und zeigt die Lebensverhältnisse auf dem Dorf vom 19. Jahrhundert bis heute auf. Anhand lokaler Befunde wird zugleich die überregionale wirtschaftliche Situation von Landgemeinden am Rande des Spessarts dargestellt: »Bevölkerungsexplosion« im 19. Jahrhundert mit der Folge der Abwanderung in die sich bildenden Industriegebiete oder ins Ausland. Den Daheimgebliebenen blieben nur häusliche Nebenarbeiten wie Besenbinden, Korbflechten, Holzgeräte schnitzen. Gegen Ende des Jahrhunderts war auch hier in vielen Häusern die Heimschneiderei die Lebensgrundlage; die Feldbestellung – trotz des recht guten Bodens – blieb weitgehend den Frauen überlassen, reduziert auf den Eigenbedarf. In Vorbereitung ist noch eine Dokumentation der im Großwallstädter Raum geborgenen frühgeschichtlichen Bodenfunde.

> Die Öffnungszeiten sind bei der Gemeindeverwaltung zu erfragen (Tel. 0 60 22/2 20 70).

Die Weingärten Großwallstadts halten sich versteckt am Lützeltaler Berg, von Wald umschlossen, auf einem vom offenen Maintal abgehenden Südhang mit bestem Boden; die Weine entwickeln fruchtige Fülle und Temperament, sowohl die weißen Sorten als auch die roten. Die ortsansässigen Winzer vermarkten ihre Weine selbst, vor allem

Marktplatz Großostheim: Im schönen Fachwerkbau des Nöthig-Gutes befindet sich das Bachgau-Museum

bei dem beliebten »Weinbergshüttenfest« am vierten Wochenende im Juli, an dem jeder Winzer seinen Wein im herausgeputzten »Wengertshäusje« des eigenen Weinbergs ausschenkt.

Der nächste Ort mainabwärts gelegen, **Niedernberg,** hat keinen Weinbau, dafür aber reiche Funde an Ausgrabungen aus der römischen Kaiserzeit – sie sind ausgestellt im Stiftsmuseum Aschaffenburg. Mit dem Erreichen Aschaffenburgs schließt sich dann unsere große Umkreisung des Spessarts.

Im Zusammenhang von Wein und Museen muß aber noch einmal **Großostheim** (s. S. 53) erwähnt werden, auch wenn es bereits dem Bachgau zugehört. Seine besten Weingärten liegen noch links mainisch, wo vorzügliche Weine gedeihen – und der Ort hat eines der bestausgestatteten Museen am Untermain zu bieten: Das »Bachgau-Museum«, im schönen Fachwerkhaus des Nöthig-Gutes am Marktplatz eingerichtet. Es verfügt über gute Bestände einheimischer Keramik und alter Handwerksgerätschaften aller Art, ferner über eine beachtliche Zinnsammlung, eine bedeutende vor- und frühgeschichtliche Abteilung – und einen echten »Tante-Emma-Laden« mit allem, was dazu gehört. Nicht nur Kinder sind begeistert!

Geöffnet: Mai–Juli und September–Oktober: So/Feiertags 15.00-17.00 Uhr (Tel. 0 60 26/25 79).

Die Großostheimer Weine aber gehören zu den besten Gewächsen des Untermains dank vorzüglicher Bodenqualität und eines Klimas, das schon Rheinhessen ahnen läßt. Angebaut werden in den Lagen Harstell, Reichsklingenberg und Heiligenthal überwiegend Weißweine aller gängigen Sorten bis hin zu Spitzenerzeugnissen des Rieslings und Rieslaners. Solch ein vollmundiger Harstell Rieslaner, das wäre wohl ein würdiger Abschiedstrunk am Ende dieser Wein- und Museumsreise entlang des Untermains!

Wandern im Spessart – allgemeine Hinweise

Niemand wird dem widersprechen: Das nachhaltigste Spessart-Erlebnis hat man beim Wandern, wenn man einen ganzen Tag oder gar tagelang eintaucht in das grüne Licht seiner Wälder, in seine heilsame Stille. Von Süd nach Nord, von Ost nach West durchziehen ihn zahllose gut ausgezeichnete Wanderwege, und man kann sich von Ort zu Ort Routen zusammenstellen ganz nach eigenem Wunsch und Leistungsvermögen. Doch so sanft die runden Waldkuppen aussehen, die Wege sind es nicht immer. Sie sind mitunter steil, steinig und voller Wurzelfallen. Zudem ist man auf den Höhenwegen oft stundenlang von jedem Ort, jedem Gasthof entfernt. Solche Wanderungen wollen sorgfältig vorgeplant sein; es sollte auch immer Proviant, Verbandszeug und ein Wetterschutz dabei sein.

Auf Beschreibung von Wandertouren wurde in diesem Buch bewußt verzichtet, da es immer wieder vorkommt, daß alte Wanderstrecken infolge Waldarbeiten oder Wege- und Straßenbaumaßnahmen kurzfristig neu verlegt werden. Deshalb ist es ratsam, vor der Festlegung größerer Wandertouren beim Spessartbund die aktuellen Streckenführungen zu erfragen. Die Geschäftsstelle in Aschaffenburg gibt ständig Wegevorschläge heraus, die auf detaillierten Angaben der örtlichen Wanderführer basieren. So gibt es sogar eine Aufstellung über »Wandervorschläge für Rollstuhl und Kinderwagen«.

Großer Beliebtheit erfreuen sich die beiden Fernwanderungen über die west-östlich den Spessart querende »Birkenhainer Straße«, die streckenweise noch der alten Reichsstraße zwischen Hanau und Gemünden folgt, über die Kaiser Friedrich Barbarossa schon zu seinen Reichstagen in Frankfurt oder Würzburg zu reiten pflegte; die andere Tour führt über den in Nord-Südrichtung verlaufenden Fernhandels- und Salzweg Schlüchtern/Bad Orb nach Großheubach/Miltenberg, den »Eselsweg«. Ist die Birkenhainer Straße mit ihrer Länge von gut 70 Kilometern in drei Tagesmärschen zu bewältigen, so zieht sich der Eselsweg mit seinen 128 bzw. 111 Kilometern Länge weit hin über den Höhenkamm, er wird im allgemeinen in fünf bis sechs Tagesetappen erwandert. Zu den Übernachtungen muß jeweils von den Höhen zu einem Talort abgestiegen werden, es gibt keine anderen Unterkunftsmöglichkeiten. Daher ist langfristige Vorausplanung und Quartierbestellung erforderlich, besonders für Gruppenwanderungen. Informationsmaterial zu Wanderwegen ist erhältlich bei:

Spessartbund e. V., Strickergasse 16 a, 63739 Aschaffenburg.
(Tel. 0 60 21/1 52 24; Fax 0 60 21/2 14 94).
Tourist-Information Aschaffenburg, Schloßplatz 2, 63739 Aschaffenburg.
(Tel. 0 60 21/39 58 00/39 58 01; Fax 0 60 21/3 95 77).
Verkehrsverein e. V. Bad Orb, Untertorplatz, 63619 Bad Orb.
(Tel. 0 60 52/10 15/10 16; Fax 0 60 52/31 55).
Touristinformation/Verkehrsverein e. V. Lohr, Schloßplatz 5, 97816 Lohr.
(Tel. 0 93 52/51 52).
Tourist-Information Miltenberg, Engelplatz 69, 63885 Miltenberg.
(Tel. 0 93 71/40 01-19 oder -36).

Vom Verkehrsverein Bad Orb bzw. Schlüchtern sowie Miltenberg wird ein »Paket« angeboten »Wandern auf dem Eselsweg ohne Gepäck«. Enthalten sind Tourenvorschlag, Hotelreservierungen, Gepäckbeförderung zur nächsten Unterkunft. Ein ähnliches Konzept erstellte das Kur- und Verkehrsamt Heigenbrücken. Hierbei wird ein Heigenbrücker Übernachtungsbetrieb als Standquartier gewählt, von dem aus zur Absolvierung der Tagesrouten die Wanderer zum Ausgangspunkt befördert und vom Tagesendpunkt wieder abgeholt werden.

Kur- und Verkehrsverein Heigenbrücken, Hauptstraße 7, 63869 Heigenbrücken. (Tel. 0 60 20/13 81; Fax 0 60 20/97 10 50).

Sehr abwechslungsreich als Mehrtageswanderung bietet sich auch die (teilweise) Umrundung des Mainvierecks an, entweder auf dem »Mainwanderweg« (Zeichen **M**), oder auf dem Maintalhöhen-Ringweg (Zeichen **R**), die beide zwischen Gemünden und Aschaffenburg das Maintal begleiten, zumeist auf den Randhöhen, die schöne Ausblicke auf die Mainlandschaft mit ihren schmucken Ortschaften freigeben. Diese Wegstrecken sind allerdings noch nicht als organisierte Wandertouren im Angebot; Interessierte müssen sich ihre Wegstrecken selbst zusammenstellen und Übernachtungen organisieren. Neueren Datums ist dagegen ein wiederum organisierter Wanderweg für Leute mit dem besonderen Geschmack: der »Fränkische Rotweinwanderweg im Landkreis Miltenberg« (Gesamtstrecke etwa 55 Kilometer). Er ist auf landschaftlich reizvollen Wegen ausgeschildert und verbindet die Weinorte des Untermains von Miltenberg/Bürgstadt bis Großwallstadt. »Wandern ohne Gepäck« ist hier möglich; die Gasthöfe in den Weinorten, die sich der Aktion angeschlossen haben, befördern das Gepäck gegen eine geringe Gebühr zum nächsten Übernachtungsort. Einen Faltprospekt »Fränkischer Rotweinwanderweg« mit allen Adressen gibt es bei der Tourist-Information Miltenberg.

Literaturauswahl

Gudrun Berninger, Zwischen Grünmorsbach und Dorfprozelten. Auf den Spuren des Würzburger Bildhauers Heinz Schiestl am Untermain, in: Aschaffenburger Jahrbuch 16, 1993.

Karl Bosl, Die historische und politische Identität der Stadt Aschaffenburg und ihres Umlandes, in: Aschaffenburger Jahrbuch 7, 1981.

Johann Büttel, Geschichte der Stadt und Saline Orb, Würzburg 1991.

Wolfgang Brückner/Wolfgang Schneider (Hrsg.), Wallfahrt im Bistum Würzburg, Würzburg 1996.

Günter Christ, Aschaffenburg. Grundzüge der Verwaltung des Mainzer Oberstifts und des Dalbergstaates, München 1963.

Claus Cramer, Länderhoheit und Wildbann im Spessart. Mit einem Exkurs über die Forstgrenzen im 10. und 11. Jahrhundert, in: Aschaffenburger Jahrbuch 1, 1952.

Richard Elzenbeck, Rieneck-Aufzeichnungen zur Geschichte der Stadt, ihrer Pfarrei und Burg, Gemünden o. J.

Roman Fischer, Das Untermaingebiet und der Spessart, in: Peter Kolb/Ernst-Günter Krenig (Hrsg.), Unterfränkische Geschichte 2, Würzburg 1993, S. 121–159.

Erika Haindl, Neustadt am Main, Würzburg 1994.

Gerhard Kampfmann/Stefan Krimm, Verkehrsgeographie und Standorttypologie der Glashütten, Aschaffenburg 1988.

Hans Körner, Grafen und Edelherren als territorienbildende Kräfte, in: Peter Kolb/Ernst-Günter Krenig (Hrsg.), Unterfränkische Geschichte 2, Würzburg 1993, S. 85–120.

Peter Kolb, Rothenfelser Chronik. Die Geschichte der kleinsten Stadt Bayerns, Würzburg 1992.

Stefan Krimm, die mittelalterlichen und frühneuzeitlichen Glashütten im Spessart, Aschaffenburg 1982.

Jürgen Lenssen, Aufbruch im Kirchenbau. Die Kirchen von Hans Schädel, Würzburg 1989.

Hans Murawski, Nur ein Stein. Geologie des Spessarts, Aschaffenburg 1992.

Erwin Rutte, Rhein – Main – Donau. Wie – wann – warum sie wurden, Sigmaringen 1987.

Franz Schaub, Spessartreise, Würzburg 1980.

Georg Wagner, Einführungen in die Erd- und Landschaftsgeschichte, Öhringen 1960.

Hans Weber, Die Geschichte der Spessarter Forstorganisation, München 1954.

Hermann Weber, Mönchberg im Spessart. Geschichte einer Centene im Spessart, Mönchberg 1967.

Rudolf Virchow, die Noth im Spessart, Würzburg 1852.
Aktenmäßige Geschichte der Räuberbanden an den beiden Ufern des Mains, im Spessart und im Odenwald. Nach Gerichtsprotokollen notiert von Stadtdirector Pfister, Heidelberg 1812. Reprint der Originalausgabe Berlin o. J. (Rixdorf).
Festschrift 500 Jahre Bieberer Bergbau 1494–1994, Biebergemünd 1994.
Festschrift 750 Jahre Kloster Himmelthal, Aschaffenburg 1983.
Ferner wurden zahlreiche Ausgaben aus der Zeitschrift »Spessart«, dem Verbandsorgan des Spessartbundes, sowie Ortschroniken von Spessartgemeinden herangezogen.
Zum Thema »Eisenhütten im Spessart« erhielt die Autorin interessante Hinweise aus dem Hause Mannesmann-Rexroth, Lohr, wofür an dieser Stelle gedankt sei. Ihr besonderer Dank gilt Herrn Forstdirektor Dr. h. c. Gerhard Kampfmann, vormals Forstamt Schöllkrippen, und Herrn Forstdirektor Walter Graf, Forstamt Altenbuch, sowie Herrn Hans Joachim Mühlig, Leiter des Naturkundemuseums Aschaffenburg.

Orts- und Sachregister

Kursivschrift = Abbildung

Bildnachweis

Archiv Fa. Mannesmann-Rexroth, Lohr S. 74;
Archiv Marktgemeinde Elsenfeld S. 68;
Festschrift 500 Jahre Biberer Bergbau, Biebergemünd 1994 S. 95;
W. Graf, Altenbach S. 84;
elmar hahn studios, Veitshöchheim S. 176 unten;
G. Hanke, Obernburg S. 101;
Heimatmuseum Elsenfeld S. 29, 31, 181;
E. Loew, Retzbach, Karte Umschlaginnenklappe vorn, S. 38;
J. Leuner, Miltenberg S. 153;
Matthäus Merian, Topographia Germaniae, Bd. Hessen (1646) S. 35, 149;
    Bd. Franken (1656) S. 111;
E. Petersen, Würzburg S. 137 o., 163;
E. M. Schlicht: Umschlag-Titelseite, S. 13, 37, 42, 43, 47, 52, 55, 57, 61, 62,
    64, 65, 71, 72, 77, 80, 82, 86, 87, 90, 91, 93, 96, 105, 108, 112, 115, 117, 118,
    120 o., 123, 125, 127, 129, 131, 133, 134, 137 u., 139, 140, 143, 144, 151,
    154, 157, 158, 159, 164, 165, 167, 169, 171, 172, 176 o., 178, 179, 180, 183;
Spessartmuseum Lohr S. 28, 120 u.;
Bezirk Unterfranken, Würzburg (G. Weißenberger), S. 21;
Kupferstich unbekannter Herkunft, vermutlich nach der Heider-Lithographie
    von 1852.